실전에 강한

호스피탈리티 영어

이승우

창지사

머리말

이 책은 여러분이 호스피탈리티(hospitality) 산업에서 사용되는 영어식 용어와 표현들을 알아봄으로써 호스피탈리티 산업에 대한 이해를 돕기 위해서 만들었습니다.

호스피탈리티 산업이란 유형 또는 무형의 재원을 가지고 고객을 대하는 것을 의미합니다. 호스피탈리티에 포함되는 산업들을 살펴보면 호텔, 레스토랑, 컨벤션(콘퍼런스), 그리고 카지노 산업 등이 있습니다.

이런 측면에서 봤을 때, 레스토랑에서 쓰는 영어라고 해서 레스토랑에서만 사용하는 것으로 한정되는 것이 아니라 보다 확대된 범위로 '여가생활을 하는 고객을 맞는 모든 장소'에서 사용할 수 있다고 볼 수 있습니다.

만약 여러분이 호텔에서 근무하기를 희망한다거나 호텔에서 일한다고 해서 '나는 호텔에서만 일을 하니까, 호텔에서 쓰이는 표현만 공부를 할 거야' 라고 생각하기보다 좀 더 포괄적으로 공부를 하는 것이 필요하겠습니다. 이러한 측면에서 영어를 받아들인다면 보다 다양한 표현으로 고객을 응대할 수 있는 역량을 키워 나갈 수 있게 될 것입니다.

이 책을 만들게 된 계기는 외국 유학 생활을 하면서 수많은 유학생이 학교 강의 이외에서 영어로 표현하는 데 어려움을 겪고 있는 것을 목격한 것에서 시작되었습니다. 영어를 공부하는 학생들이 한국에서 배웠던 문법에 얽매인 표현보다는 보다 편안하게 영어를 구사하기 위해서 틀리더라도 두려움 없이 영어를 표현할 수 있는 방법을 숱하게 고민했습니다.

그렇게 하기 위해서는 다양한 표현 중에서 먼저 자신에게 필요한 표현들부터 시작해 보는 것이 좋지 않을까 하는 생각을 하게 되었습니다. 특히 호스피탈리티 영어는 일상생활에서도 폭넓게 사용된다고 판단하여 이 책을 만들게 되었습니다.

더불어, 글로벌 호스피탈리티 기업 아라마크(ARAMARK)에서 근무하면서 영어표현을 문법에 맞추어서 사용하기보다는 의사소통에 초점을 두는 것이 중요하다는 것을 배우게 되었습니다. 뿐만 아니라, 해외봉사(international volunteering service)를 다니면서 영어가 모국어가 아닌 국가의 중·고등학교 학력을 갖고 있는 사람들이 유창하지는 않지만 영어에 대한 두려움 없이 편안하게 대화를 나누는 모습을 종종 봐 왔습니다. 문화의 차이가 있긴 하겠지만 이것이 가능한 것은 영어를 눈으로 배우기보다는 입을 통해 말을 하는 구술적인 데 초점을 두고 있기 때문입니다. 물론 공적인 장소에서 발표를 하게 될 때는 문법을 갖춘 영어 표현들이 필요합니다. 그러나 본인이 매일 발표를 하는 직업이 아닌 이상 다양한 표현들을 숙지하여 자연스럽게 대화를 주고받는 연습을 하는 것이 더욱 유용할 것입니다.

PART 1에서는 각 장의 주제별 주요표현과 실제 대화 사례를 넣어 이해를 돕도록 하였습니다.

PART 2에서는 일상생활에서 한국어로는 표현이 되는데 영어로는 어떻게 표현하는지 궁금했던 부분들을 Q&A형식으로 풀어나갔으며 이에 대하여 자세한 설명을 덧붙였습니다.

학습하시는 동안에 궁금한 표현들은 slee@smu.ac.kr로 보내주시면 답변을 보내드리겠습니다.

마지막으로, 이 책이 출판될 수 있도록 격려해 주시고 도움 주신 창지사 관계자분들께 진심으로 감사드립니다.

2017년 10월

이승우

차례(Contents)

h o s p i t a l i t y

PART 1

호스피탈리티 영어 실제

Hospitality

Chapter 1

Greetings

인사하기

1 일반적인 인사 표현

Good morning.
좋은 아침이네요.

Good afternoon.
좋은 오후네요.

Good evening.
좋은 저녁이네요.

일반적으로 위의 세 가지를 가장 많이 사용하게 된다. 하지만, 영어의 인사 및 표현들은 한 가지로 하기보다는 여러 가지를 함께 사용해 주어야 의미가 더욱 잘 전달된다.

- Hi, Good morning(afternoon, evening), how are you?
  안녕하세요, 좋은 아침(오후, 저녁)이네요, 어떻게 지내세요?

TIPS

Good night

밤에 인사할 때 'Good night'을 사용하는 경우가 있는데 'Good night'은 보통 늦은 밤에 헤어지거나, 잠자리에 드는 상황에서 쓰는 표현이므로 저녁에 만났을 때 인사 표현으로는 적절하지 않은 말입니다. 물론 이것이 문법적으로는 틀린 표현은 아니지만 늦은 밤일지라도 만났을 때는 'Good evening'이라고 표현하는 것이 자연스럽습니다.

- Good morning(afternoon, evening). How are you today(this morning, this afternoon, evening)? sir/ma'am.
  좋은 아침(오후, 저녁)입니다. 안녕하십니까? 선생님.

위와 같이 연이어서 인사하는 방법이 있다. sir/ma'am은 경칭으로 자주 사용하는 표현이며 주로 sir은 남성, ma'am은 여성을 지칭할 때 사용한다. 이 어휘를 사용하면 예의 있고 격식을 갖춘 표현이 된다. 영국 권역에서는 여성에 대해서 ma'am보다는 madam을 쓰는 것이 좋다.

쉬어가기 영어에 대한 이해

한국 책에서 배우고 있는 영어표현 방식은 잘 다듬어진 격식을 갖춘 표현이기에 영어권에서 들었을 때 '영어를 매우 깔끔하게 쓴다'는 느낌을 줄 수 있지만, 다르게 보면 거리감을 느끼게 할 수 있습니다.
즉, 여러분들이 책에서 배우는 표현들은 대부분이 매우 정중한 표현들입니다. 예를 들어, How do you do?라는 표현은 실제로 미국에서는 자주 사용하지 않습니다. 한국어로 굳이 풀이하자면 '일들이 잘 되고 있으신가요?'라는 의미이며 '무슨 일이요?'라는 답변을 받게 될 수 있습니다. 즉, 매우 공손하게 받아들여지는 인사 표현입니다.
그래서, 'How do you do?'보다는 'How are you?'라고 말하는 것이 더 편하게 받아들여질 수 있습니다.

2 기타 인사 표현 (1)

How have you been?
어떻게 지냈니?

How is your life treating you?
어떻게 살 만하니?

영어로 말할 때 가급적이면 말의 끝을 올리는 것이 좋다. 'How is your life treating you?'를 단순한 어조로 말하기보다는 'How is your life treating YOU?↗'와 같이 말끝을 올리는 것이 더 자연스럽고 상대방과 더욱 원활한 의사소통을 할 수 있다. 영어식 표현은 말끝을 올려 주어야 의문문적인 표현을 할 수 있으며 문법에 덜 얽매이게 된다.

한국의 '그렇게 하는 거지'를 예를 들어 보면 말끝을 올려서 말하는 것과 그러지 않는 것에 따라 의문문 또는 평서문으로 의미가 바뀔 수 있다. '~하는 거지'에서 어조의 높낮이에 변화를 주지 않고 발음하면 '그렇게 하는 게 맞다.'라고 의미가 전달되는 반면에, '~하는 거지?'라고 뒷부분을 올려주면 상대방에게 그렇게 하는 게 맞는지를 물어보는 의미가 되는 것과 같은 방식이다.

3 기타 인사 표현 (2)

What's up?
안녕? 무슨일 있어?

How's it going?
어떻게 잘 지내니?

What's it going on?
별일 없어?

제시한 인사 표현은 직장, 학교, 혹은 사적으로 친한 친구들을 만났을 때 쓰는 표현들로, 의미상으로 '별일 없니?', '안녕?' 정도로 해석할 수 있다. 앞서 살펴본 다른 표현들은 격식을 차린 공식적인 자리에서 쓰이는 반면, 이 표현들은 사적인 자리에서 편하게 사용이 가능하다.

중간에 사용하는 'it'에 대해 무슨 의미인지, 무엇을 지칭하고 있는지 등의 문법적인 접근은 불필요하다. 이 단어는 특별한 의미를 가지고 있지 않고, 그저 인사의 한 표현으로 받아들이는 것이 좋다.

'What's up?'에서 'up'이라는 단어를 받아들일 때도 'it'과 같이 받아들이는 것이 좋다. '위에 무엇이 있니?'라는 뜻이 아니라 그저 인사 표현의 한 부분이다.

위의 질문에 답변할 때는 'I am fine, thank you.'보다는 'I am good, great, excellent.'와 같이 몇 개의 표현을 연결하여 답변하는 것이 훨씬 자연스럽다.

영어를 사용하는 데 있어서는 되도록이면 긍정적인 모습으로 답변을 하는 것이 일반적이다. 긍정적인 답변을 할 때 여러 표현을 반복해서 말하는 관례이며, 부정적인 답변은 직설적이기보다는 간접적으로 간결하게 표현하도록 한다.

- **긍정일 때**

'I like it, excellent, great.'와 같이 여러 긍정적 표현을 반복해서 말한다.

- **부정일 때**

'I don't like it. (좋지 않아요.)'라고 말하기보다는 'I don't think I like it. (좋지 않은 것 같습니다.)'라고 우회적으로 표현한다.

Situation 01 아는 사람과 만났을 때 인사 표현

오후 인사

Peter: Hello, John. good afternoon, how are you today, John?
안녕 존, 좋은 오후네.

John: Good, good, very good, how about you? Are you okay today, Peter?
응, 좋아, 매우 좋지, 너는 어때? 잘 지내니, 피터?

저녁인사

Sue: Hi there, good evening, how are you this evening, John?
좋은 저녁이네. 오늘 어떻니, 존?

John: Hey, what's up, Sue? How are you?
무슨 일이야, 수? 잘 지내니?

Sue: Not bad. How about yourself?
나쁘지 않아. 너는 어때?

John: Fine by me.
괜찮아.

일반적인 인사 (1)

David: Hey guys, what's up?
얘들아, 어쩐일이야?

Drew & Sam: Hey, David, what's up?
안녕, 데이비드, 어쩐일이야?

David: Not much **man**, doing **well**. Life treating you well, Drew and Sam?
별일 없지(그저 그렇지), 잘 지내. 드류, 샘, 너희는 잘 지내니?

Drew & Sam: Not much **man**.
별일 없지 뭐.

※ man 덜 격식을 갖춘 상황에서 상대방을 지칭하여 사용할 수 있다.

※ 앞에서 언급하였듯이 의문문일 경우 well을 올려 준다.

Drew: Yeah, I am doing very well.

그래, 나 잘 지내고 있어.

Sam: Yeah, **same old same old.**

똑같지 뭐.

※ 'same old same old.'는 '똑같은 일이 계속 있다.'는 의미로 '똑같아'라고 표현할 때 사용한다.

일반적인 인사 (2)

Professor Lee: Hello there. How are you guys?

안녕. 잘들 지내니?

Drew, Sam, David: Hello, sir, how are you, professor Lee?

안녕하십니까? 잘 지내시나요, 교수님?

Professor Lee: Doing **good**. you all okay?

잘 지내지. 너희들도 괜찮니?

※ 문법적으로 good이 아니라 well이 맞지만 good으로 사용한다.

Drew, Sam, David: Sure, we fine sir.

네, 잘 지냅니다.

Situation 02 호텔에서의 인사 표현

Staff: Hello, how are you this evening, ma'am?

안녕하세요. 오늘 저녁 어떠신가요, 고객님?

Guest: Great, very good, thanks.

좋습니다, 매우 좋습니다, 고마워요.

Staff: How may I (we) help you today?

저희들이 무엇을 도와드릴까요?

Guest: I need a reservation(a room, a seat, a cup of coffee)

= I would like to have a reservation(a room, a seat, a cup of coffee)

예약(방, 좌석, 커피)이 필요해요.

Staff: Sure, let me help you.

물론이죠. 제가 도와드릴게요.

TIPS

Let me help you.

제가 도와드릴게요. (약간 겸손하게 들림)

I will help you.

제가 도와드리죠. (적극적으로 들림)

Situation 03 고급 레스토랑에서의 인사 표현

Staff: Hi, welcome, how are you, sir/ma'am?

어서오세요, 안녕하세요, 고객님?

Guest: Good, very good, thanks.

네, 매우 좋네요, 고마워요.

Staff: Okay, how may we help you, sir/ma'am?

아! 네. 저희가 어떻게 도와드릴까요, 고객님?

Guest: Yes, do you (we) have a seat for seven?

7명 자리 있나요(있을까요)?

Situation 04 일반 패밀리 레스토랑에서의 인사 표현

Staff: Hello, welcome, how are you, sir/ma'am?

어서 오세요, 안녕하세요, 고객님?

Guest: Good, very good, thanks.

네, 매우 좋습니다, 고마워요.

Staff: How many (are you today), sir/ma'am?

몇 분이세요, 고객님?

Guest: We are seven.

7명이요.

Staff: Okay, follow me, sir/ma'am.

네, 이쪽으로 따라오세요.

TIPS

Sir and Ma'am 사용의 예

예 수업시간에 사용하는 표현

Professor: Are you (all) with me?

다(들) 이해했나요?

- You with me?로 들리게 되며, 이렇게 사용해도 된다.
- with me는 직역하면 '내 얘기와 함께 있니?'라는 의미가 되어 '이해됐나요?'라는 뜻이다. 'Do you understand me?'와 같은 의미이다.
- with의 다른 사용으로는 가게에 친구와 갔는데 점원이 모르고 '도와줄까요?'라고 물어보면 다음과 같이 말할 수 있다.
  - I am with my friend(s).
    내 친구와 같이 있(왔)어요.

Student: Yes, sir, but, sir, can I have a question?

네, 그런데 질문해도 되겠습니까?

Professor: Sure, go ahead.

물론이지, 말해 보세요. (그래 말해 봐.)

= What do you have?

= What's you got?

말해 보세요.

- What have you got? 또는 What's you got?은 수업시간에 '말해 보세요.'라는 의미로 사용되며 문법적으로 이해하려면 어색하게 들리지만 실제로 자주 듣는 표현이다.

예 군대에서의 표현

Officer(장교): Everyone understood?

모두 이해했나?

Ranks(사병들): Yes, sir.

네 알겠습니다. (들리기로는 Ye sir!)

군대에서 'sir'을 사용하면 '네 알겠습니다.'라는 단호한 답변이 된다.

Conversation to Staffs/Guests
종업원과 손님이 대화하기

1 일반적인 인사 표현

How are you?
안녕하세요?

Is everything okay?
모두 괜찮은가요?

Good?
괜찮나요?

What's going on?
잘 지내시나요?

위의 내용처럼 여러 가지 방식으로 표현하지만 모두 '안녕하세요', '별일 없으시죠?'라는 의미이다. 한 가지로 표현하기보다는 위의 표현들을 순서에 상관없이 몇 개를 함께 사용해 주면 좋다. 특히, 말끝을 올려 주면 좋은 표현이 된다.

다음 예와 같이 좀 더 친근하게 표현하기도 한다.

- Hey, what's up?
  = Hey, what's up guys(all)? (여러 명이 있을 때)

"흑인들 영어 표현 아닌가요?"라는 의문을 가질 수 있지만 꼭 그렇지는 않다. 영어에 있어서 백인, 흑인의 차이는 없다. 물론 흑인들이 사용하는 표현 중 일부는 악센트, 뉘앙스에 있어서는 차이가 있을 수 있다.

또한, 미시시피, 플로리다, 앨라배마 주 등을 미국의 남부지역에서도 악센트가 다르다. 남부지역은 한국의 경상도나 전라도와 같이 억양이 있고, 표현 방법에 있어서도 다른 것이 있다. 특히 제주도처럼 말이 전혀 다른 표현도 있으며 문법적으로 맞는지 틀렸는지 알 수 없는 표현도 있다.

A: Show me what's you got?
있는 것 다 보여 줘 봐.

B: I don't have anything.
아무것도 없어.

I have no money.
돈 없어.

위와 같은 표현을 할 때 미국의 남부지역에서는 다음과 같이 말한다.

B: I ain't got nothing.
아무것도 없어.

I ain't got no money.
돈 없어.

보통 부정이 2번 들어가면 긍정의 표현이 아닐까 하는 생각을 할 수 있다. 또한 ain't는 'am not'으로서 문법적으로는 틀린 말이다. 하지만 영어를 할 때 꼭 문법에 맞춰서 이야기해야 한다고 생각할 필요는 없다. 일반적으로 한국에서 배우게 되는 영어 표현은 격식에 맞춰서 문법적으로 맞는 영어만으로 이루어져 있기 때문에 영어에 부담감을 느끼게 되는 것이다.

문법이 틀리더라도 상대방이 알아들으면 회화에 있어서 큰 문제는 없다. 예를 들어서 파키스탄, 방글라데시, 인도네시아 같은 여러 나라에서 온 종업원과 한국말로 대화할 때 문법에 꼭 맞게 말하지 않더라도 우리가 알아들을 수 있는 것과 마찬가지이다.

영어로 표현할 때도 굳이 내가 쓰는 데 있어서 문법적으로 맞추어서 사용하면 좋겠으나 반드시 그렇게 할 필요는 없는 것이다. 커뮤니케이션이 더 중요하기 때문에 편안하게 영어를 쓰고, 받아들이는 것이 중요하다.

2 종업원과 손님의 대화

Situation 01 고급 호텔에서

Staff: Hello, good afternoon. How are you all?
안녕하세요. 좋은 오후입니다. 다들 괜찮으신가요?

Guest: Good, how are you?
네, 좋은 오후지요, 안녕하세요?

Staff: Very good, sir/ma'am. How may we help you with today?
매우 좋습니다. 어떻게 도와드릴까요?

Guest: Thanks. We need to check in please.
고맙습니다. 체크인해 주세요.

Staff: Sure, very pleased to do that for you.
물론이죠. 도와드릴 수 있어서 기쁘네요.

Situation 02 일반적인 숙소에 갔을 때

Staff: Hi, how are you today?
안녕하세요?

Guest: Fine, how are you?
네, 안녕하세요?

Staff: Very good, how can we help you with today?
네, 좋네요, 어떻게 도와드릴까요?

Guest: Yes, we need to check in please.
네, 체크인해 주세요.

Staff: Sure, we can do that.
그러지요.

Situation 03 레스토랑에서

Staff: Hi, welcome to (Restaurant name). How many (are you)?
어서오세요. 몇 분이세요?

Guest: Just two (of us).
두 명이요.

Staff: **Do you mind** if you sit **next to the window**?
창가 옆에 괜찮으시겠어요?

Guest: Nope, we are glad.
괜찮아요. 좋아요.

Staff: follow me, sir/ma'am.
따라오세요. 손님.

상대방이 'Do you mind~'라고 물어봤을 때 '괜찮아요, 그렇게 하시지요.'라고 말하고 싶으면 'No, never mind, go ahead.'라고 말하면 된다. 반대로 '안 괜찮아요, 안 돼요.'라고 말하고 싶으면 'yes, I(we) mind.'라고 말하면 상대방의 얘기에 동의하지 않는다는 의미를 전달할 수 있다.

'next to the window' 외에 'next to the bar(바 옆)', 'upstairs(위층)' 등 여러 장소 표현이 있다.

Staff: Hi, welcome to (Restaurant name). How many (are you)?
어서오세요. 몇 분이세요?

Guest: Just two (of us).
두 명이요.

Staff: **Do you mind** if you sit **next to the window**?
창가 옆에 괜찮으시겠어요?

Guest: Uh~, you have a seat corner?
어~ 코너 쪽에 자리 있나요?

Staff: Umm~ we are afraid we don't have that now.
지금은 없네요.

Would you like to wait a bit more (longer)?
조금만 더 기다려 주실래요?

Guest: That's fine, we take the window seat.
괜찮아요. 창가 쪽 앉을게요.

(or) Okay, we will wait.
네, 기다릴게요.

Staff: Thanks for your understanding(patience).
이해해(기다려) 주셔서 고맙습니다.

Situation 04 일반 식당에 갔을 때

Staff: Hi, how is it going?
잘 지내나요?

Guest: Hi, how are you?
안녕하세요?

Staff: Not much, what can we help you?
별일 없죠. 무엇을 도와드릴까요?

Guest: Yes, something recommend?
추천할 게 있으세요?

Staff: Sure, let see... What do you like?
물론이죠. 어디 보자… 어떤 거 좋아하세요?

We have sandwiches, pizzas, burgers.
샌드위치와 피자, 버거가 있습니다.

Guest: Ok, let see... Something else?
좋아요. 어디 보자… 다른 것은 없나요?

Staff: What do you like?
무엇을 드실 건가요?

Guest: Well, we go with burgers.
그럼, 버거로 할게요.

Situation 05 동네 술집에서

Staff: Hey, what's up?
안녕하세요?

Guest: Hi, how's it going?
네. 안녕하세요?

Staff: Not much, you alone?
별일 없죠. 혼자예요?

Guest: Nope, with a few friends.
아뇨. 친구 몇 명 같이 왔어요.

Staff: Great, have a seat.
=Find your seat.
자리에 앉으세요.

Guest: Busy tonight?
오늘밤 바쁘신가 보네요?

Staff: Nah, not much going on.
아뇨, 그렇게 바쁘지는 않아요.

연습해 보자 Let's Practice

Situation 01 고급 호텔에서

Staff: ① Good evening, sir/ma'am. Welcome to restaurant(hotel).
좋은 밤입니다. 어서오세요.

② How can we help (assist) you today?
무엇을 도와드릴까요?

※ ①과 ②를 붙여서 사용하면 조금 더 자연스러워 보인다.

Guest: Thank you, how are you today (sir/ma'am)?

고맙습니다. 안녕하시지요?

Staff: Great, very **nice**.

네. 매우 좋습니다.

※ nice 대신 excellent(너무 좋은), fabulous(매우 괜찮은), fantastic(매우 좋아할 만한) 등 다른 단어를 넣어 응용할 수 있다.

예약을 했을 경우

Guest: Okay, we need to check in.

체크인해 주세요.

Staff: Sure, did you make a reservation, sir/ma'am?

예약하셨어요?

Guest: Yes, we did.

예, 예약했어요.

Staff: Ok~ay, do you have a reservation number (with you)?

예약번호 있으신가요?

Guest: I don't remember that.

기억이 안 나는데요.

Staff: Okay, that's fine. Under whose name did you make a reservation?

괜찮아요. 누구 이름으로 예약했나요?

Guest: I believe it is under my name.

제 이름으로 했을 거예요.

Staff: Do you have an ID.

신분증 있으세요?

Guest: Here is my ID. Hope you find it okay.

신분증 여기 있어요. 잘 찾았으면 좋겠네요.

예약을 안 했을 경우

Staff: Did you make a reservation, sir/ma'am?
예약하셨어요?

Guest: ① Oops! We didn't.
어이쿠! 안 했는데요.

② You don't have a room (for us)?
방이 없나요?

※ ①과 ②를 붙여서 사용하면 조금 더 자연스러워 보인다.

Guest: Okay, let's see what we have.
그럼 방이 있는지 알아볼게요.

Oops, we are afraid we don't have a room for tonight.
어이쿠, 오늘 방이 없네요.

※ 방이 있을 경우 'we have a room for you tonight. (방이 있네요.)'라고 말할 수 있다.

Situation 02 이름을 물어보게 될 때

Staff: What's your name, sir/ma'am?
성함이 어떻게 되시나요?

Guest: My name is John Lee.

=I am John Lee.
나는 존이에요. (비슷한 나이 또래나 친구 모임에서 자주 사용)

Staff: Great! It is nice (good, glad, a pleasure) to have you at our hotel.
모시게 되어서 좋습니다.

Guest: Oh, good, nice(good, glad, pleasure) to be here.
오게 되어서 좋습니다.

Situation 03 자기소개할 때

- I would like to introduce myself.

  = Let me introduce myself.

  제 소개를 드릴까 합니다.

- I would like to introduce my boss(Ms. Josh).

  = Let me introduce my boss(Ms. Jane).

  제 상사(친구 등)분을 소개해 드릴게요.

Situation 04 직업을 물어볼 때 (1)

- What do you do?

  = What's your job?

  = What's your occupation?

  직업이 뭐예요?

  = What do you do for a living?

  생업을 위해 어떤 일을 하세요?

구체적으로 물어보기

- What are your job **duties**?

  = What exactly do you do?

  = What does your job entail?

  어떤 업무를 하세요?

duty 책임

I am on **duty** tonight. (오늘 당직이야.)

Situation 05 직업을 물어볼 때 (2)

Guest: May I ask what your job is?

=May I ask what your occupation is?

=May I ask what you do (for a living)?

=May I ask your job here?

어떤 일 하는지 여쭤봐도 될까요?

Staff: Sure, I am a catering manager for a restaurant(at a hotel).

식당(호텔)에서 케이터링 매니저 일을 합니다.

Guest: What exactly does a catering manager do?

케이터링 매니저는 구체적으로 어떤 업무를 하나요?

※ 'What exactly do you do?'로 물어봐도 된다.

Staff: Well, we arrange and set up all the things event related.

이벤트와 관련된 것들을 정리 및 준비합니다.

We schedule food delivery and arrange for setting up of any needed things.

음식 배달 스케줄과 혹 필요한 것들에 대한 정리 및 준비를 합니다.

Guest: Oh~! That sounds really interesting.

아~! 흥미롭게 들리네요(흥미롭네요).

Staff: Sure, it is interesting but quite difficult to manage everything in an order (in a professional manner).

그렇죠, 흥미롭지만 모든 것들을 순서(프로답게)에 맞추는 게 어려워요.

Situation 06 직업을 물어볼 때 (3)

Guest: Hi, what do you do in this hotel?

이 호텔에서 무엇을 하시나요?

Hi, what do you do here?

여기서 무엇을 하세요?

Staff: I am a bell man here.

벨맨입니다.

Guest: I see. Then you take people's luggage to their rooms?

아 그렇군요. 그러면 손님들의 짐을 방으로 갖다 주는 일들인가요?

Staff: Yes, sir, but I do other things as well. I do arrange things for guests.

네, 그렇습니다. 다른 업무들도 하고요. 고객들을 위한 것들을 정리하기도 합니다.

For example, I hire taxi, clean **things** around and make sure everything clean and ready to serve.

예를 들면, 손님 택시를 잡아 주고, 주변을 청소하고 모든 것이 깨끗하고 서비스 준비가 되어 있는지 확인하는 업무를 하지요.

※'things'는 '이러한 것'들이라는 의미로 쉽게 생각해서 우리나라의 전라도에서 사용하는 '거시기'라는 표현과 유사하다.

Guest: ① Aha! You are born to be the right person.

아하! 이 일에 딱 맞네요.

② You are born to be a server/bell man.

벨맨을 위해 태어나셨네요.

※ 의역하면 '잘 맞으시네요.', '천성이시네요.'와 같은 의미이다.

- **baggage** 수하물
- **luggage** 여행 가방, 큰 가방(우리가 흔히 말하는 carrier를 일컫는다.)

☑ 가장 적합한 답을 고르세요.

Number	Time	Pick the best answer			
1	06:00 AM	① Good morning	② Good afternoon	③ Good evening	④ Good night
2	12:00 PM	① Good morning	② Good afternoon	③ Good evening	④ Good night
3	03:00 PM	① Good morning	② Good afternoon	③ Good evening	④ Good night
4	11:34 PM	① Good morning	② Good afternoon	③ Good evening	④ Good night
5	12:28 AM	① Good morning	② Good afternoon	③ Good evening	④ Good night

위의 문제는 시간에 따른 적절한 인사 표현을 고르는 질문이다.

1. 6:00AM의 경우는 아침이기 때문에 Good morning이 맞는 표현이다.
2. 12:00PM은 우리나라 표현으로 하면 정오가 된다. 그러므로 Good afternoon이 맞는 표현이다.
3. 3:00PM은 역시 오후이기 때문에 Good afternoon이 맞는 표현이다.
4. 11:34PM의 경우에는 보통 사람들이 자는 시간이므로 Good night이라고 말한다고 생각할 수 있지만, Good night은 보통 헤어지거나 잘 때 하는 인사이다. 그러므로 밤이 늦었더라도 만났을 때는 Good evening을 쓰는 것이 맞는 표현이다.
5. 12:28PM은 새벽이므로 Good morning을 쓰는 것이 맞는 표현이다. 하지만 일반적으로 Good evening을 써도 무방하다. 이때 쓰는 Good morning은 '좋은 아침이야'라는 의미보다는 '벌써 새벽이네'라는 의미로 쓰인다.

답 1. ① 2. ② 3. ② 4. ③ 5. ① or ③

틀린 답을 고르세요.

What do you do here?	(I am or I do) ① working at the maintenance department. ② many things for guests. ③ cooking. ④ cleaning. ⑤ doing errands for guest. ⑥ enjoying activities.

위의 문제는 무엇을 하는지를 묻는 말에 맞지 않는 표현을 고르는 것이다.

①번은 앞에 'I am'이 붙어서 '시설팀에서 일하고 있다.'이므로 맞는 표현이다.

②번은 앞에 'I do'가 붙어서 '손님들을 위해 많은 일을 한다.'이므로 맞는 표현이다.

③번은 '요리한다.'는 의미로 맞는 표현이다.

④번은 '청소한다.'라는 의미로 맞는 표현이다.

⑤번은 '손님 심부름을 해 줘요.'라는 의미로 맞는 표현이다.

⑥번은 '그냥 무언가를 잘 즐겨요.'라는 의미로 적절하지 못한 표현이다.

여기서 ⑤번의 'I am doing errand for guest.'에서 'errand'는 '심부름 하다'라는 의미를 가진다. 하지만 'He went on an errand.'와 같이 '그는 잠깐 일을 보러 갔어.', '일을 하다.'라는 의미로도 쓰일 수 있다.

errand 심부름

A: What is John doing? (존은 뭐해?)
=Where is John? (존은 어디 갔어?)

B: He went on an errand.
=He ran an **errand**.
(심부름 갔어.)

답 ⑥

Hospitality

Chapter 3

Introducing Myself

자기소개하기

1 자기소개하기

공식 또는 격식을 갖춘 장소에서

Staff 1: Hello, my name is Henry.
안녕하세요, 제 이름은 헨리예요.

Guest 1: Hello, Mr. Henry, my name is Gwen.
안녕하세요, 제 이름은 그웬입니다.

Guest 2: My name is John.
제 이름은 존입니다.

Staff 2: Nice to meet you, Mr. John. My name is Miss, Yeonna.
만나서 반갑습니다. 저는 연아입니다.

Staff 1 & 2, Guest 1 & 2: It is very nice(glad, pleased) to meet you.
만나서 정말 반갑습니다.

편한 자리에서

자신의 이름을 말할 때, 'My name is ~'와 'I am ~'의 차이가 있다. 격식을 차리는 자리에서는 'My name is~(제 이름은 ~입니다)로 쓰이고, 덜 격식을 차리는 자리에서는 'I am~'으로 '나는 ~야'로 표현한다.

또한, 덜 격식을 갖춘 자리나 어색하지 않은 사이에서는 'Mr. Henry'라고 하지 않고 'Mr.'를 생략해서 표현할 수 있다.

격식을 차리는 자리에서는 'It is very nice to meet you.'라고 표현을 하지만, 덜 격식을 갖춘 자리에서는 'It is very'를 생략하고 간단하게 'Nice(glad, pleased) to meet you.'로 간단하게 표현할 수 있다.

2 다른 사람 소개하기

공식적인 자리에서

John: Hi, Mr. Peter Tanuchy. I would like to introduce Miss Sue Davis.
안녕하세요, 미스터 피터 타누치씨, 미스 수 데이비스를 소개해 드릴게요.

Peter Tanuchy: Hello, Miss Davis, nice to meet you.
안녕하세요, 미스 데이비스씨, 만나 뵙게 되어서 반갑습니다.

Sue: Nice to meet you too, Mr. Tanuchy.
저도 만나서 반갑습니다, 미스터 타누치씨.

Bob: Min Ju, this is my friend Gwen Toson.
민주, 여기는 내 친구 그웬 도슨이에요.

Min Ju: Hi, Ms. Toson, a pleasure to meet you.
안녕하세요 미스 토손씨, 만나 뵙게 되어서 반갑습니다.

Gwen: Same here.
저도 반갑습니다.

Elizabeth: Nancy, let me introduce my supervisor, Mr. John Lee.
낸시, 내 보스 미스터 존 리를 소개해 드릴게요.

Nancy: Mr. Lee, it's good to meet you.
미스터 리, 만나 뵙게 되어 반갑습니다.

Mr. Lee: Good to meet you too. Please, call me John.
저도 뵙게 되어 반갑습니다. 편하게 존이라고 불러 주세요.

›→ **편한 자리에서**

John: Hey, Peter, let me introduce Miss Sue.

피터, 미스 수 소개해줄게.

※ 친한 사이는 성을 부르지 않는다.

Peter: Hello, Sue, nice to meet you (nice to see you).

안녕하세요 수, 만나서 반가워요.

Sue: Nice to meet you too, Peter.

만나서 반가워요, 피터.

Bob: Min Ju, this is my friend Gwen.

민주, 여기는 내 친구 그웬이야.

Min Ju: Hi, Gwen, glad (good, nice, a pleasure) to meet you.

안녕하세요, 그웬, 만나서 반가워요.

Gwen: Same here.

저도 반가워요.

Asking about Well Being
안부 묻기

1 좋을 때

안부를 물을 때

How are you?
안녕(하세요)?

How's it going?
안녕. 잘 지내니(잘 지내시나요?)

How has your day been?
오늘 안녕하신가요?(오늘 어때요?)

안부를 물을 때 'How are you?', 'How's it going?', 'How has your day been?' 등으로 물어볼 수 있다.

기타 안부를 묻는 표현들

- How have you been?
  =Did you have a good day?
  =Did you enjoy today?
  잘 지냈니?
- How's the family?
  가족은 잘 지내니?

안부에 대한 대답

Great!
매우 좋아요!

Couldn't be better.
더 좋을 수야 없지.

Fantastic.
환상적이지.

Wonderful.
훌륭하지(멋지지).

Happy happy.
완전 기쁘지.

안부에 대한 대답으로는 'Great!'가 있으며 이 표현을 할 때는 표정도 정말 'great'한 표정을 지어 주면 더욱 의미를 잘 전달할 수 있다.

다음으로는 '더 좋아질 수 없다.'라는 표현으로 'Couldn't be better.'라고 말할 수 있으며 '가장 좋다.'라는 것을 의미한다.

그 다음에 쓸 수 있는 표현들로는 'Fantastic', 'Wonderful', 'Happy happy' 등이 있으며 특히 'Happy happy'처럼 한 번만 말하는 것이 아니라 두 번 연속 표현해 주는 것이 좋다. 예를 들어, 'How are you?'라고 물었을 때에 단순하게 'Great.'라고 대답하고 끝나버리면 'great'의 의미가 덜 전달되며, 형식적인, 속된 말로 영혼이 없어 보이는 표현이 된다. 그러므로 위의 표현들과 그 밖의 유사한 의미의 표현들을 연속적으로 써 주면 더욱 풍부하게 의미를 전달할 수 있다.

Anna: Hey John, how are you today?
존, 오늘 어때?

John: Fantastic, couldn't be better today.
환상적이지, 더 좋을 수야 없지(완전 좋아).

Anna: What's happening, John?
무슨 일이야, 존?

John: I got a job offer today.
나 오늘 취업했어.

Anna: Hey, that's fantastic.
야~! 환상적이네(완전 잘됐다).

No doubt you are so happy today.
왜 행복한지 알겠네.

Congratulations. I am so happy for you, John.
축하하고 정말 기쁘다.

John: Thanks much, appreciate your support.
고마워, 응원해 줘서 정말 고마워.

2 그저 그럴 때

특별한 일 없이 그저 그런 상황에서도 안부를 묻는 질문은 달라지지 않는다. 위와 마찬가지로 'How are you?', 'How's it going?', 'How has your day been?' 등으로 물어볼 수 있다.

안부에 대한 대답

Fine, Just Fine.
그럭저럭 좋아.

Good, Not bad.
좋아. 나쁘지 않아.

Could be worse.
더 나빠지지 않아서 다행이야.

Fair enough.
괜찮아.

I can't complain.
불만 없어.

물론 이 표현들도 정도의 차이가 존재한다. great 〉 good 〉 fine 정도의 차이라고 이해하면 된다. 예를 들어서 설명해 보도록 하자.

먼저 'great'의 경우는 정말 좋을 때에 쓰일 수 있는 표현이다. 'great'과 함께 혹은, 대신 쓰일 수 있는 표현들로는 'fantastic', 'excellent', 'wonderful'이 있다. 이 표현들은 의미는 달라도 같은 정도로 표현이 가능하다.

다음으로 'good'은 긍정적이긴 하지만 크게 좋지는 않을 때 사용한다. 같이 쓰일 수 있는 것으로는 'it's nice'가 있다.

그 다음으로 fine이 있는데 이는 'good'과 유사하긴 하지만 정도의 차이로 '나쁘지 않은'이라는 정도로 'good'보다는 덜 좋은 상황에서 쓰인다.

'Not bad'도 뒤에 'at all'을 붙여서 'Not bad at all'이라고 표현을 하면 'great'과 'good'의 사이 정도의 표현으로 쓰일 수 있다. 해석을 하면 '전체적으로 나쁠 게 없지'라는 의미이다.

'Could be worse'는 '나빠질 수 있지.'라는 의미인데 다르게 말하면 '더 나빠지지 않아서 다행이야.'라는 의미로 사용할 수 있다.

'Could be bad'라고도 표현이 가능한데 'Could be worse'는 'good' 정도이고, 'Could be bad'는 'fine'정도의 의미이다.

'Can't complain'은 '불평할 만한 것이 없다.'라는 의미로 '나쁘지 않다.'라는 의미이다.

만약 여기서 더 쓰고 싶다면 'so far'를 붙여서 'Can't complain so far'를 붙이면 '지금까지는 나쁘지 않다'라는 의미로 표현할 수 있다.

Jane: Hi, Sue, how is everything going on today?
오늘 어떻게 지내고 있니(오늘 하루 어때)?

Sue: So far, not bad. Could be worse.
아직까지 나쁘지 않아. 더 나빠질 수도 있을 텐데 그렇지 않네.

Jane: Something going on?
무슨 일 있어?

Sue: Ah~, not much. Just working on some stuffs.
아니, 그냥 이것 저것 하는 중.

Jane: Okay, let me know if you need me.
필요한 거 있으면 말해.

Sue: Sure, I will.
= You know, I will.
물론 그렇게 하지.

TIPS

why? vs. what?

한국에서 우리가 누군가를 부를 때, '왜?'라고 대답을 하는 경우가 많은데, 영어 표현에서는 'why'보다는 'what'으로 대답하는 것이 더 좋은 표현이다.

나 지금 가고 있어.

다음 상황을 가정해 보자. 어떤 사람이 철수를 불렀다. 그러자 철수가 '어 나 지금 가고 있어.'라고 대답할 때 'I'm coming.'이라고 표현할 수 있다. 혹은 이것을 줄여서 'Coming coming.'이라고 표현하거나 뒤에 'soon'을 붙여서 'I am coming soon.'이라고 표현할 수 있다. 'I am going.'은 틀린 표현이므로 사용하지 않도록 한다. 물론, 친구와 헤어질 때 'I am going(나 간다).'이라고 할 수도 있지만 'I am leaving(나 떠난다).'이라고 하는 것이 더 적절한 표현이다.

Mom: John, where are you?
존, 어디 있어?

John: what?
왜요?

Mom: I have your friend here.
여기 친구 왔어.

John: Okay, I am coming.
네, 지금 가고 있어요. (잠시만요)

3 안 좋을 때

안부를 물을 때

How do you feel?
어때요, 잘 지내요?

Have you had a good day?
기분 좋은 날인가요?

안부에 대한 대답

Not too good.
그다지 좋지 않네요.

No, it was tough.
아! 힘드네.

Not so well.
안 좋네.

Lousy.
짜증나네.

대화를 할 때 가장 중요한 것은 말로만 표현하는 것이 아니라 그에 맞는 표정을 함께 짓는 것이다. 'no it was tough'에서 'no'같은 표현들은 짧게 'no'라고 말하는 것보다는 'no~~~'라고 끝을 좀 늘려서 말하는 것이 의미전달에 더욱 효율적이다.

David: Hey, how is it going today, John?

안녕, 오늘 잘 지내고 있어, 존?

John: Hi, how are you, David?

안녕, 잘 지내니, 데이비드?

David: Are you okay? You don't look too good today.

괜찮니? 안 좋아 보이는데?

John: Well, not too good today.

그러게 별로네.

David: What's wrong?

무슨 일 있어?

John: Not much, just tough things go around these days.

그냥, 요즘 일이 힘드네.

David: Your work?

일 때문에?

John: Nah~ school things.

학교 일들이.

David: Something I can help?

내가 도와줄 거 있어?

John: Thanks man. I will let you know when I need.

고마워. 필요하면 얘기할게.

David: Yeah, please do so seriously.

그래, 진짜 꼭 말해.

연습해 보자 Let's Practice

Situation 01 호텔에서

Staff: Good afternoon, welcome to Hilton.
좋은 오후에요. 어서오십시오.

How can I (we) help you today, sir/ma'am?
오늘 무엇을 도와드릴까요, 고객님?

Guest: Hi. I (we) need to check in.
안녕하세요. 체크인해 주세요.

Staff: Of course sir, my name is Brad Huh and I'll be your guest representative during your stay. Could I have your name please?
물론이죠. 저는 브래드 허이고 고객님이 머무시는 동안 제가 고객님을 담당하게 될 것입니다. 성함이 어떻게 되시죠?

Guest: John Skenzisky.
존 스켄지스키 입니다.

Staff: Yes, Mr. Skenzisky, how are you today?
네, 스켄지스키씨 오늘 어떠셨나요?

Guest: Tired actually, it was a very long flight.
사실, 피곤하네요, 긴 비행이어서요.

Staff: Well, I see. I'll get you checked in as soon as possible so you can relax right away.
아, 그렇군요, 그럼 쉴 수 있도록 빨리 체크인해 드릴게요.

Here you all set.
여기 다 되었습니다.

TIPS

직장에서 자주 사용하는 일반적인 표현들

'How are you?'는 볼 때마다 물어봐도 좋은 표현이다. 대답은 'tired', 'long day' 이 두 가지가 많이 사용이 되는데, 한국에서도 'How are you?'라고 물어보면, '피곤해요(tired)'를 많이 사용하는 것과 비슷하다.

long day는 두 가지로 사용이 가능하다. 하나는 오늘 하루가 어떻게 지나갈 것인지 아득하게 느낄 때 'It will be a long day.'라고 표현하며, 다른 하나는 오늘 하루가 힘들었다고 느낄 때 'It was a long day.'라고 말하고 짧게 사용해서 long day라고 표현하면 된다.

TIPS

Come on!

이 표현은 매우 많은 의미를 담고 있는데, '이리로 와.', '뭐 하는 거야?', '뭐 좀 해 보자.' 등 다양한 상황 속에서 다양한 의미로 쓰일 수 있다.

예를 들어서 스포츠 경기를 볼 때에, 특히 축구를 시청할 때, 좋은 찬스일 때 이 표현을 써서 간절한 응원을 표현할 수 있고, 기회를 날렸을 때에 이 표현come on)을 사용해서 탄식과 아쉬움을 표현할 수 있다.

fighting의 올바른 표현

우리나라에서 쓰는 표현 중에서 'fighting'이 있는데 이는 콩글리시(Konglish: Korean + English)이며, 'way to go'가 맞는 표현이다. 또한 실제 표현할 때는 뒤에 'yo'를 붙여서 표현하는 경우가 많다. Way to go, Yo!

여러 명이 있을 때는 'yo all'로 표현하며 'yall'로 발음하면 된다.

Hospitality

Chapter 5

Farewells

작별 인사하기

1 격식을 갖춘 표현

Goodbye.
잘 가세요.

Thank you for coming.
와 주셔서 감사해요.

Have a pleasant day.
좋은 하루 되세요.

Goodbye please come again.
잘 가시고 또 오세요.

Goodbye we hope to see you again.
잘 가시고 다시 뵙겠습니다.

Situation 01 호텔에서

Staff: Thanks for staying with us. We had a very good time serving you.
저희 호텔에 머물러 주셔서 감사 드리며 고객님을 모실 수 있어서 즐거웠습니다.

We hope you have a pleasant day.
좋은 하루 되십시오.

And when you have a plan to visit here, please come and stay with us again.
다음에도 기회가 되면 저희 숙소에 다시 머물러 주시면 감사하겠습니다.

Guest: Oh, thanks much. It was a great time here.

정말 즐거웠습니다.

Definitely, we will find you so.

당연히 그렇게 할 거예요.

Staff: Very nice of you to say that.

그렇게 말씀해 주셔서 감사 드립니다.

Goodbye, we hope to see you again.

안녕히 가시고 다시 뵙기를 바랍니다.

2 편안한 표현

See you later(soon).

다음에 봐.

Goodbye.

잘 가.

Catch you later.

다음에 보자.

So long.

잘 지내.

See you soon.

곧 보자.

I have to go.

가봐야겠네.

Situation 01 호텔에서

Staff: Checking out?

체크아웃하시나요?

Guest: Yes, please.

네.

Staff: How was the stay?

머물던 곳은 어땠나요?

Guest: Oh, it was good.

오, 좋았어요.

We had a good time here.

여기서 좋은 시간 보냈네요.

Staff: Great, all set.

좋군요, 다 되었네요.

Guest: All done?

다 되었나요?

Staff: Yes, you are good to go.

네, 가셔도 돼요.

Guest: Okay, thanks.

네. 고맙습니다.

Staff: Bye.

안녕히 가세요.

Situation 02 편한 친구 사이에서

Peter: Hey, John, you all done?
존, 다 끝났어?

John: I am about to finish it.
곧 끝날 거야.

(or) Yeah! I am done.
끝났어.

Peter: What are you doing now?
지금 뭐하고 있니?

Are you heading back home?
집에 가고 있니?

John: Nope. I gotta see my brother at a café.
아니. 카페에서 형 만나기로 했어.

Peter: Your brother?
너의 형?

John: Yeah. I have something to hand it over to him.
응. 형한테 줘야 할 게 있거든.

Peter: Okay, then. See you later(soon, again).
그래. 그럼, 다음에 봐.

John: So long.
잘 가.

Talk to you later.

=Catch you later.
다음에 보자.

Peter: Bye.
잘 가.

Situation 03 교실에서

Professor: Let's call it a day now.
오늘은 이만합시다.

So long guys.
잘 가라.

TIPS

교실에서 수업을 마무리할 때 표현

- Do you have any question for today?
  오늘 배운 것에 대해 질문 있나요?
- Let's stop here(today).
  여기서 그만합시다.
- Let's get it done here today.
  오늘 여기서 그만합시다.
- Let's wrap it up today here.
  오늘은 여기까지만 합시다.

wrap은 '감싸다'라는 뜻인데 'wrap up today'를 직역하여 '오늘을 감싼다'는 것은 곧 '오늘을 마무리 하자'라는 뜻이다.

마감에 대한 다양한 표현들

'이것이 오늘의 전부입니다.', '오늘의 끝입니다.'라는 뜻으로 다음과 같이 말할 수 있다.

- That's all we have today.
  = That's all we got today.
  저희가 오늘 가지고 있는 전부입니다.
  = Let's call it a day.
  이것으로 오늘을 마무리합시다.

3 그 외 헤어질 때 표현

- Ok, I better get going.

  나 이제 가야겠네.

get going(=leave) 떠나다

- I am out of here.

  = I am outta here.

  나 간다.

※ 줄임말

out of = outta

want to = wanna

ought to = outta

going to = gonna

- Holler at me!

  전화해!

'Holler at me.'는 약간 비속어적인 표현이지만 미국에서 실질적으로 많이 쓰이는 표현이다. 우리가 알고 있는 'Call me.'도 맞는 표현이지만 편한 친구 사이에서는 이렇게 표현해 보자. 힙합이나 팝송에서 노래를 듣다 보면 'Holler at me.'라는 표현을 많이 들을 수 있는데 이럴 때 '전화해'라고 이해하면 된다. 나가면서 'Holler at me right, okay?'라고 하는 것은 '전화해'라고 인사하는 의미이다.

Chapter 6

Chit Chat with Strangers
낯선 사람과 대화하기

말 건네받기는 낯선 사람과의 사이에서 의사소통을 할 수 있는 일반적이고 자연스러운 방법이다.

평소 알고 지내던 사이에서는 대화하기가 쉽다. 이상하게 느끼지도 않을 뿐 아니라, 자연스럽게 하고 싶은 모든 것들에 대하여 대화하게 된다.

공통 주제가 없는 낯선 사람과 같이 있게 되었을 때 공통 주제를 찾아 대화를 나누면서 분위기를 풀어 갈 수 있다. 그렇다고 첫 번째 미팅에서 결혼 여부와 연봉, 종교, 정치적 성향 등의 질문은 사적인 부분이므로 하지 말아야 한다.

1 낯선 사람과 대화하기

Is this your first trip to Korea?
한국 방문이 처음이신가요?

Have you come to Korea?
한국을 방문하신 적이 있나요?

Are you enjoying your stay so far?
지금까지 머무르는 데 괜찮나요?

How do you like the weather here (... on the island)?
여기 날씨가 어떤가요?

What's the weather like in your country (this time)?
당신네 나라의 날씨는 어떤가요?

'so far'이라고 하면 '지금까지는'이라는 의미로 위의 문장을 정확하게 해석하면 '지금까지 머무르는 데 괜찮으신가요?'라는 의미가 된다.

※혹은 'Are you having a good time here in Korea(지금까지 한국에서 좋은 시간 보내고 계신가요)?'라고 말할 수도 있다.

Situation 01 외국인 옆에 앉게 되었을 때

Stranger 1: Hi there. How are you?
안녕하세요.
Where are you from?
어디서 오셨나요?

Stranger 2: Kenya.
케냐에서 왔어요.

Stranger 1: Oh, Kenya in Africa? That's very far.
오, 아프리카 케냐요? 꽤 머네요.
Is this your first trip to (Korea)?
한국 방문 처음이신가요?
Have you come to Korea before?
이전에 한국에 방문하신 적 있으세요?

Stranger 2: Many times. Probably 4th time now.
아마도 지금이 4번째일걸요.

Stranger 1: Business? or travel?
사업차 오셨나요? 아니면 관광하러 오셨나요?

Stranger 2: Kind of both.
둘 다요.

Stranger 1: Having fun so far, sir/ma'am?
지금까지 즐거우셨나요?

Stranger 2: Not bad at all.
괜찮았어요.

Situation 02 호텔 로비에서 (1)

Stranger 1: Hi, how are you, sir/ma'am?
안녕하세요.

Where are you from?
어디서 오셨나요?

Stranger 2: From Korea. How about yourself?
한국에서 왔어요. 당신은요?

Stranger 1: Canada.
캐나다에서 왔어요.

Stranger 2: Aha. Having fun so far?
아. 그렇군요. 지금까지 재미있는 시간 보내고 있으신가요?

Stranger 1: Yes, we enjoying it.
네. 즐겁게 지내고 있어요.

Stranger 2: Great. **How do you like weather** here?
여기 날씨는 어떤가요?

Stranger 1: Pretty(or gorgeous, nice, breeze, sunny).
아주 좋아요.

It is quite amazing here.
놀랄 정도로 좋아요.

Stranger 2: **What's the weather like in your country (this time)?**
당신네 나라의 날씨는 어떤가요?

Stranger 1: Back in Canada now?
지금 캐나다 날씨요?

It is freezing cold.
엄청 춥죠.

Is Korea cold this time, too?
한국도 춥나요?

Stranger 2: In winter? Yes. We are very cold, too.

겨울 말이죠? 우리나라도 매우 추워요.

But not as bad(cold) as yours.

당신의 나라만큼은 아니고요.

'How do you like the weather (this time) (on the island, in your country)? (날씨가 어떤가요?)'에 대한 답변으로는 'It's very windy(바람이 매우 불어요)', 'It's very hot(매우 더워요)', 'It's very cold(매우 추워요)' 'It's raining(비가 와요)' 등을 쓸 수 있다. 'this time'을 붙여서 물어보면 '지금 현재 당신들의 날씨는 어때?'라고 물어보는 표현이 된다.

또한 this time은 country 뒤가 아닌 like와 in 사이에 넣어서 표현을 해도 같은 의미가 된다.

- What country are you from?

  =Where are you (coming) from (in Korea)?

  (한국) 어디에서 오셨어요?

  ※ 'in 국가'를 사용하면 그 국가의 어느 지역에서 왔는지 물을 수 있다.

'you' 대신에 'is it'을 사용해서 다양한 표현을 할 수 있다.

- Where **is it** from?

  어디에서 온 건가요?

- What country **is it** from?

  어느 나라에서 온 건가요? (원산지가 어딘가요?)

Situation 03 호텔 로비에서 (2)

Stranger 1: Hi, there. How are you today?
안녕하세요. 오늘 어때요?

Stranger 2: Hi, good. How are you, sir/ma'am?
안녕하세요. 좋아요. 당신은요?

Stranger 1: Very nice. Waiting someone?
매우 좋아요. 누구 기다리세요?

Stranger 2: No, just hanging out for a sec.
아뇨, 잠깐 그냥 있어요.

Stranger 1: How long do you stay here?
여기에 얼마나 머무르셨어요?

Stranger 2: For three days
2박 3일이요.
How about you?
당신은요?

Stranger 1: Same here.
저도요.

Stranger 2: Have you done something so far (since being here)?
=What have you done so far since being here?
지금까지 머무는 동안에 무엇을 하셨나요?
Have you been to any interesting places since you arrived?
도착해서 어디 재미있는 곳을 가보셨나요?

Stranger 1: Not much. Just visited some local restaurants.
동네 식당 몇 군데 들러봤죠.
Any place you recommend?
추천할 만한 곳 있으세요?

Stranger 2: Not quite sure. But we went to a local museum. It was very nice.
확실하진 않지만 박물관 괜찮던데요.

It would be nice if you are with children.
아이들과 함께하면 좋을 거예요.

Stranger 1: Really? Lots of things for children?
그런가요? 아이들이 좋아할 만한 게 많아요?

Stranger 2: Yes, lots of hands-on experience stuffs.
직접 참여하는 것들이 많아요.

Stranger 1: We will try that. Thanks for the tip.
들러볼게요. 알려줘서 고마워요.

I better get going.
이제 가야겠네요.

TIPS

Have been과 관련된 표현

'I have been there.'와 'I have done that.'이라는 두 가지 표현이 있다.
'I have been there.'는 '나 거기 가봤어.'라는 뜻을 가지고, 'I have done that.'은 '나 그거 해 봤어.'라는 뜻이 된다.
두 개를 합쳐서 'I have been there and done that.'이라고 표현하면 '나 다 해봤어.'라는 의미가 된다. 실질적으로는 여기서 'I'와 'have' 모두 생략해서 'Been there done that.'이라고 표현해도 된다.

2 날씨에 대해 묻기

질문할 때는 how나 what 등을 포함하면 훨씬 자연스러운 대화를 이어갈 수 있다. 만약 how를 사용하지 않고 'Do you like the weather here? (여기 날씨 좋아요?)'라고 물어본다면 대답은 Yes나 No가 될 것이다.

이것이 틀린 것은 아니지만 대화가 단절이 될 수 있다. Yes나 No 같은 대답이 나오면 뒤의 이야기를 이어가는 데 어려움이 있을 수 있다.

Situation 01 호텔이나 서비스 관련 가게에서

Staff: Hi, are you new here?
여기 처음인가요?

Guest: Yes, kind of. Been here a week.
일주일 되었어요.

Staff: How do you like here so far?
지금까지 괜찮았나요?

Guest: Not bad, enjoying it much.
나쁘지 않아요. 잘 즐기고 있어요.

Staff: How do you like the weather here?
여기 날씨 어때요?

Guest: It's very hot and humid, much hotter than I expected (thought).
덥고, 습도가 많고 기대(생각)했던 것보다 더 더워요.

(or) Oh! Fine by me.
오! 괜찮은데요.

Staff: So, what's the weather like now in your country?
당신네 나라 날씨는 어때요?

Guest: It's cold and snowy.
춥고 눈도 와요.

'So?'는 '그런가요?'라는 뜻인데, 'so' 대신에 'Is that right?'을 쓸 수 있다. 'So'는 'So is it?'의 줄임말이라 할 수 있다.

Situation 02 친구끼리

Josh: Hey, John, how do you like the weather here?
존, 여기 날씨 어떻니?

Do you like the weather here?
여기 날씨 좋니?

(Are) You okay (fine) with weather here?
여기 날씨 괜찮니?

John: Uhhh, gosh, it's very hot and humid, man! Much hotter than I thought.
으이그, 이런, 덥고 습해! 생각했던 것보다 더 더워.

TIPS

man!

대화 중에 '~야', '그래', '아!', '이런' 등을 표현할 때 깊은 생각 없이 넣는 추임새라고 생각하면 된다. 대화 중에 간간이 넣어서 사용할 수 있다. 단, 공식적인 표현에서는 가급적 사용하지 않아야 한다. 친숙하지만 다소 낮은 대화 수준으로 들리기 때문이다.

TIPS

날씨와 관련된 표현들

- sticky(끈적끈적한)
- freezing(매우 추운)
    - It's (darn, damn, fucking) freezing outside. It's Arctic out there.
      밖에 장난 아니게 추워요, 북극이에요.
- chilly(쌀쌀한)
    - It's a bit chilly, keep yourself warm.
      꽤 쌀쌀해요, 따뜻하게 입으세요.
- fresh(살짝 쌀쌀한)
    - It's quite fresh, take a jumper.
      살짝 쌀쌀해요, 재킷 챙기세요.
- frosty(겨울 아침에 서리가 있는)
    - It's pretty frosty this morning.
      아침이 꽤 쌀쌀해요, 서리가 끼어 있어요.
- warm(포근한)
- blazing(매우 더운)
- windy(바람 많은)
  cold wind: 추우면서 바람 많은/a gust of wind: 한줄기 돌풍
- rainy 비가 오는(pouring 쏟아 붓는)
- light rain 보슬비 = drizzle, sprinkle
    - It's drizzling.
      보슬비가 오네.
- foggy(안개가 낀)
- misty(뽀얀)
- flaking(진눈깨비가 내리는)
    - It is flaking outside.
      밖에 진눈깨비가 내리네.

Dealing with Problems and Complaints I
문제나 불평 처리하기 I

1 손님이 가지고 있는 문제나 불평 파악하기

호텔이나 레스토랑에 머무는 동안, 손님은 문제나 불평을 가지게 된다. 어떤 문제점이나 불평은 곧 풀리기도 하지만 예기치 않게 피곤해지는 경우가 발생한다. 그러므로 우선 손님이 어떤 문제나 불평을 갖고 있는지 파악하고, 신속하고 프로페셔널하게 처리하는 것이 중요하다. 그리고 문제가 발생했을 때는 가급적 매니저와 상의하는 것이 좋다. 또한, 손님은 프론트 데스크에 전화해서 문제들을 설명하는데, 이때 전화로 야단치지 말아야 한다.

When things happen?
무슨일인가요?

What would you do?
무엇을 하실 거예요?

What should you do?
무엇을 해야만 하죠?

What could you do?
무엇을 할 수 있을까요?

- 수건, 비누, 샴푸 등이 충분하지 않을 때

Guest: There are not enough towels(soaps, shampoo, etc) in the room.
수건(비누, 샴푸 등)이 없어요.

• 욕실에서 물이 샐 때

Guest: The sink is leaking in the bathroom.
욕실에 있는 세면대에서 물이 새요.

• 케첩이나 소스가 없을 때

Guest: There is no ketchup(or sauce) at the table.
테이블에 케첩(또는 소스)이 없어요.

• 주문이 오래 걸릴 때

Guest: Why is my order taking so long?
주문한 것이 왜 이렇게 오래걸리나요?

What's happening? What's wrong in the kitchen?
무슨 문제가 있길래 이렇게 늦는 건가요?

• 주문한 메뉴가 아닐 때

Guest: This is not the dish I ordered.
제가 주문한 게 아닌데요.

※ dish는 메뉴(음식)를 대신해서 쓸 수 있다.

• 음식이 입에 맞지 않을 때

Guest: The soup tastes like sour milk.
수프가 신맛 나는 우유 같아요.

The soup just can be salty.
수프가 너무 짜요.

The soup can be way too hot.
수프가 너무 뜨거워요.

way too 너무~하다
It is **way too** spicy. (너무 매워.)
He is **way too** stubbom(or picky). (그는 너무 깐깐해.)

• 수영장이 따뜻하지 않을 때

Guest: The swimming pool is not warm.
수영장 물이 따뜻하지 않아요.

2 고객의 객실에서 문제가 발생했을 때 (1)

Guest: Sir/Ma'am, my room has no water running.

내 방에 물이 안 나오네요.

Staff: Sir, what room (is it)?

몇 호인가요?

Guest: 3E.

3E요.

Staff: Okay, was it okay yesterday or this morning?

어제나 오늘 아침에 괜찮았나요?

Guest: I think so, I had shower this morning.

네, 아침에 샤워도 했거든요.

Staff: Okay, we will take a look.

네, 잠시 볼게요.

Guest: Thanks.

고마워요.

※ 직원이 먼저 물을 때는 'Have a concern, sir? (문제 있나요?)'이라고 물어볼 수 있다.

3 고객의 객실에서 문제가 발생했을 때 (2)

I will see what we can do for you right away.

저희가 무엇을 할 수 있는지 즉시 알아볼게요.

We will get that fixed right away.

저희가 즉시 고치도록 할게요.

We will take care of that right away.

저희가 즉시 처리할게요.

Guest: Sir/Ma'am, I have a fridge not working

냉장고가 안 돼요.

Staff: So sorry. What room is that, sir/ma'am?

대단히 죄송합니다. 몇 호실인가요?

Guest: 3E.

3E요.

Staff: We will check about that and **get back to you ASAP**.

저희가 알아보고 최대한 빨리 알려드릴게요.

Guest: Please do so. Thanks.

네 그렇게 해 주시면 고맙겠습니다.

TIPS

get back to you

'확인하고 말씀드릴게요.'라는 표현이다. 같은 의미로 'I will tell you about that(~에 대해서 말씀드릴게요.)'라고도 사용할 수 있지만, '말을 하다'라는 의미의 단어로 'tell'을 사용하기보다 'get'을 가장 많이 사용한다.

ASAP

'as soon as possible(최대한 빨리)'의 앞 철자를 따서 짧게 표현한 것이다. A SAP(에이샙)으로 읽기도 하며, A.S.A.P라고 하나하나 끊어 읽으면 강조되는 효과가 나타난다.

4 덜 격식을 갖춘 표현

Let me see what I can do for you, okay, aye?
알아볼게요, 괜찮지요?

Oh! I can help you with that.
그 정도는 제가 도와드리지요.

I will get it done right away.
곧 처리해 드릴게요.

중저가의 호텔, 여관 그리고 일반적인 패밀리 레스토랑 등에서 격식을 차려서 말하기보다 더 편안하게, 자연스럽게 대화할 수 있는 표현에 대해서 알아보자. 비공식적 말하기라고 해서 정중하지 않은 것은 아니다. 상황에 따라서 조금 달라질 수는 있지만, 비공식적 말하기와 공식적 말하기는 크게 다르지 않다.

Guest: Sir/Ma'am, I have a problem with a fridge not working.
냉장고가 안 돼요.

Staff: Let me see what I can do for you, okay **aye**?
알아볼게요, 괜찮지요?
Oh! I can help you with that.
그 정도는 제가 도와드리지요.
I will get it done **right away**.
곧 처리해 드릴게요.

Guest: Yes, please.
네. 그렇게 해 주세요.

- **aye** alright의 줄임말

'right away', 'immediately' 등을 사용하면 한결 빠른 대응으로 들리게 된다. 일반적으로 외국, 특히 영어권 지역의 고객 서비스가 한국에 비해 조금 늦는 경향이 있으니 참고해 두는 것이 좋다.

쉬어가기 성격의 문화차이

다른 나라에서 한국인에 대해 이야기할 때 한국인들이 일 처리를 빨리 진행하는 것에 대해서 좋아합니다. 어쩌면 이는 우리가 충분한 인내심을 갖고 있지 않기 때문일 수도 있습니다. 그렇기 때문에 외국인들이 '한국인들은 바쁘다'라고 이야기하기도 합니다.
반면에 우리가 영어권 지역으로 여행을 가게 된다면 우리가 생각하는 것처럼 일처리가 빠르게 진행되지 않아 조금 게으르다는 느낌을 받기도 합니다. 더불어 한국의 고객에 대한 대응 속도가 매우 빠르다는 것을 실감할 수 있게 됩니다.
한국인이 소리를 높여서 불평하는 것을 본 적이 있는데 외국에서는 이런 상황이 벌어지면 쫓겨날 수도 있으니 조심하는 것이 좋겠습니다. 이게 바로 문화충격(culture shock)인가 하는 생각이 들 수도 있을 겁니다.

Hospitality

Chapter 8

Dealing with Problems and Complaints II
문제나 불평 처리하기 II

주문한 음식이 너무 늦어질 때, 음식이 덜 익었을 때 또는 너무 익었을 때, 계산할 때 음식값이 터무니없거나 맞지 않을 때, 팁이 계산에 포함되어 있는데 팁을 더 달라고 할 때, 종업원이 주문이나 부탁을 받고도 잊어버렸을 때 등 식당에서 손님이 느끼는 불평불만이나 문제는 여러 가지가 있을 수 있다.

Chapter 7에 이어서 레스토랑이나 호텔에서 들을 수 있는 손님의 불평에 대한 표현을 더 자세하게 알아보고 종업원의 입장에서 어떻게 손님의 불평을 처리하는지 예문으로 연습해 보도록 하자.

1 식당에서 고객의 불만 표현

Situation 01 주문한 메뉴가 나오지 않을 때

Guest: Sir/Ma'am, here. Can you help (me out on this)?

여기 문제 좀 있는 것 같은데요?

I need to speak to someone(or manager, etc).

누구(또는 매니저 등)한테 좀 이야기를 해야 할 것 같은데요?

Staff: Yes, sir/ma'am, how may we help you (sir/ma'am)?

네, 손님, 어떻게 도와드릴까요?

Sir/ma'am, **you have a problem**(sir/ma'am)?

무슨 문제 있어요?

What's wrong?

무슨 일인가요?

'You have a problem?'은 듣는 사람이 직설적이라고 생각할 수도 있는 표현이다. 보통 'What's wrong?'으로 말한다. 표현을 어떻게 이야기하느냐에 따라 거칠게 들릴 수도 있다.

Guest: **I believe I ordered a while ago and still cooking?**
조금 전에 주문했는데요. 아직 요리 중인가요?
I can't wait anymore. **What's going on?**
더이상 기다릴 수 없어요. 어떻게 되어 가고 있는 거예요?

- **a while ago** 조금 전에

believe를 사용하면 I think보다 더욱 확신을 주는 표현이 된다.

'I ordered(주문을 했는데요)'에서 주문한 메뉴가 무엇인지는 구체적으로 이야기하지 않아도 된다.

아직도 음식을 하고 있냐는 질문을 할 때 'and still COOKING?↗' 하고 뒷부분의 톤을 올리면 의문문 형식이 된다.

'What's going on?'은 가장 많이 사용하는 표현이다. 'What's going on?'은 다양하게 사용될 수 있는데 친구를 만났을 때, 'Hey what's up?'과 같은 의미로 사용할 수 있으며 '무슨 일이 있는 거야?' 아니면 '어떻게 지내니?'라는 의미이다. 특별하게 어떤 의미를 담기보다는 인사말로 사용된다.

Staff: Oh! **Hang on**. Let me check it right away, sir/ma'am.
오! 잠시만요. 곧바로 확인해 볼게요.
What did you order (**by the way**), sir/ma'am?
(그런데) 무슨 요리 주문하셨죠?
Let me double check, sir/ma'am.
다시 한번 확인해 볼게요.
We are very sorry, let me go and see (check) the kitchen.
매우 죄송해요. 가서 확인해 볼게요.

Guest: Yes, please do. Thanks.
그렇게 해 주시면 감사하겠습니다.

- by the way는 A를 이야기하다가 B를 이야기할 때, '그런데', '그건 그렇고'라는 뜻으로 사용한다.
- hang on과 비슷한 표현으로 wait a sec가 있는데 sec은 second의 줄임말로 시간에서 초를 의미한다. 비슷한 말로 'Wait a moment.', 'Just a moment.'라고 표현할 수도 있다.

Situation 02 주문한 메뉴에 문제가 있을 때

Guest: Sir/Ma'am, I think we need a talk.
저기요. 얘기 좀 해야겠는데요.

I requested the egg **over hard**, not **over easy.**
계란을 완숙으로 익혀달라고 주문했는데 반숙보다 덜 익었어요.

계란은 익힌 정도에 따라서 over hard(완숙), over medium(반숙), over easy(반숙보다 덜 익힌 상태)라고 말할 수 있다. 스테이크도 익힌 정도에 따라서 well done(완전히 구워진), medium(중간 정도), rare(덜 익은 정도)라고 말한다.

Staff: Is that right, sir/ma'am?
아 그랬나요?

We are very sorry about that, sir/ma'am.
그렇게 돼서 매우 죄송합니다.

Let me make some more right away.
지금 당장 조금 더 만들어 드릴게요.

2 호텔에서 고객의 불만 표현

체크인할 때 방에 있는 냉장고에 마실 물이 있다고 했는데 들어와 보니 물이 없을 때 전화로 문제 제기를 할 수 있다.

전화상에서

Guest: Hello, I think I have a problem here.
여기 문제가 있는 것 같은데요?

Staff: Yes, sir/ma'am. How may we help you (sir/ma'am)?
고객님. 어떻게 해 드릴까요?

Guest: Yes, when I first arrived I was told that a bottle of water would always be in the fridge but there is no(not any, nothing).
제가 도착했을 때 냉장고에 물이 있을 거라고 들었는데 아무것도 없어요.
What's going on?
어떻게 된 거예요?

- **I was told that~** ~라고 이야기를 들었어요.
- **fridge** 냉장고(refrigerator의 줄임 말), freezer(냉동고)와 다른 의미이다.

Staff: Is that right, sir/ma'am?
그랬나요?
We are very sorry, we will deliver it immediately.
죄송해요. 바로 가져다 드릴게요.

Guest: Yes, please do. Thanks.
그렇게 해 주세요.
Okay, no problem, things happen.
그럴 수도 있는 거지요.

Chapter 9

Compliments

칭찬하기

이번 장에서는 어떻게 칭찬을 더 잘 주고받을 수 있는지에 대해서 알아보자. 칭찬은 동기부여의 요인이 되며 상대방을 기분 좋게 만들기도 한다. '칭찬은 고래도 춤추게 한다.'는 말이 있듯이 칭찬 듣는 것을 싫어하는 사람은 없으며, 호텔이나 레스토랑의 고객과 직원도 예외는 아닐 것이다. 고객은 호텔이나 레스토랑 직원에게 탁월한 서비스, 외모 또는 조금 더 배려한 모습에 칭찬을 건네며, 레스토랑 직원도 손님이 식사가 늦게 온 것을 기다려 준 부분에 감사의 표현을 해 보자.

1 형용사를 이용한 칭찬표현

Your hair(style) looks great(pretty on you).

Your dress is really pretty.

Your customer service is excellent.

명사구(noun phrase) + look/is + 강조(really) + 형용사(adjective)

= '명사구'가 '형용사'처럼(look) 보인다.

= '명사구'가 '형용사'이다(is)

You look ~ ~처럼 보인다.

A: Your hair(style) looks great(pretty on you).
당신 머리스타일 멋있네요.

TIPS

›→ 구와 절 구분

구(phrase)는, 문장이 아닌 것이고 절(clause)은 문장이다.

- 구: your voice
  너의 목소리
- 절: Your voice is pretty.
  너의 목소리가 예쁘다.

여성에게 말할 때는 'pretty'를 사용하며, on을 쓰면 좀더 섬세한 느낌을 줄 수 있다.

- Your dress is really pretty on you.
  너 입은 드레스 예쁘다. 너한테 진짜 잘 어울리네.
- Your customer service is excellent.
  고객 서비스가 정말 최고네요.

great(매우 좋은), good(좋은), marvelous(엄청난), awesome(대박이야), fantastic(환상적인), amazing(놀랄 만한), gorgeous(멋있는) 등의 형용사를 사용하여 상황에 따라 자유롭게 표현해 보도록 한다.

- You look gorgeous in that dress.
  드레스가 아주 잘 어울리네요.
- The food (dish) was amazing and we had a great time.
  음식이 놀랍고 재밌었어.

2 명사구를 이용한 칭찬표현

I really love your dress.
드레스가 멋있네요.

I love your food.
음식이 참 괜찮네요.

I + (really) + like/love + 명사구

='명사구'가 좋다(사랑스럽다)

'love'는 '사랑한다'는 의미에 한정되지 않고 다양한 표현으로 사용할 수 있다.

3 대명사를 이용한 칭찬표현

The food (dish) was amazing.
제가 시킨 음식이 진짜 맛있었어요.

And we had a great time.
그리고 진짜 좋은 시간이었습니다.

That's a very nice rug(dress).
정말 좋은 장판(드레스)이네요.

대명사(pronoun) + is + (really) + 형용사 + 명사

형용사 + 명사 = (명사구)

= '대명사'가 '형용사 + 명사' 하다.

- This is a delicious dish, my compliments to the chef.
  음식이 맛있어요. 셰프에게 고맙다고 전해 주세요.

TIPS

floor mat와 rug의 차이

일반적으로 장판을 지칭하는 용어는 floor mat이며, rug는 장판이지만 바닥 전체에 까는 것이 아니라 매트형식으로 바닥에 '올려놓는 것'을 지칭한다.

4 such a/what a를 이용한 칭찬표현

You have such a beautiful hair(eyes).
예쁜 머리카락(눈)을 가졌네요.

What a lovely baby you have!
아기가 정말 귀엽네요! (baby 대신 다른 단어를 사용해도 됨)

such + 관사(a) + 형용사 + 명사

- She is such a beautiful lady.
  그 여성은 참으로 예쁩니다.

명사가 복수이면 관사는 없으며, what이 such를 대신하여 사용하면 자체적으로 감탄 용어로 사용가능하다.

- What a lovely day!
  정말 날씨가 좋네요.
- What a lovely bag you have!
  가방이 정말 멋있네요!

뒤에 따라오는 'you have'는 꼭 사용해야 하는 것은 아니지만 사용하면 더 좋다.

5 칭찬에 관한 대화하기

You did a good job!
참 잘하셨네요!

친구가 어떤 것을 잘했을 때, 경기가 끝나고 같은 동료 또는 상대 팀에게, 시킨 일을 마무리했을 때 등 여러 상황에서 사용할 수 있는 유용한 표현이다. 짧게 'Good job' 또는 'Great job'이라고 해도 된다. 'excellent'와 'great'을 사용하면 더욱 강한 칭찬의 의미를 전달할 수 있다.

A: Nice game(bout).
좋은 경기였습니다.

B: How kind of you to say so. Thank you.
좋게 말씀해 주셔서 감사합니다.

'Thank you.'라고 할 때 'Thank you.' 하고 말끝을 단호하게 맺는 것과, 'Thank YOU↗' 하고 끝말을 올리는 것에 따라서 느낌이 다를 수 있다. 끝을 올리는 것은 애교(charming)가 있는 듯한 느낌을 준다.

칭찬에 대한 반응

- I'm glad you like it.
  좋아하시니 좋네요.
- It was nothing really.
  별거 아닙니다. (공손 또는 겸손하게 말할 때)
- It was a piece of cake(game, gum)
  그렇게 어렵지는 않았어요. (거만하게 이야기할 때)

칭찬에 관한 대화 (1)

A: That's a nice shirt you are wearing!

셔츠가 멋있네요!

※ you are wearing을 사용하지 않고 간단하게 'That's a nice shirt.'라고 표현해도 된다.

B: Thanks, well, I just got it. It was pretty cheap.

고맙습니다. 근래에 샀는데 저렴하더라고요.

칭찬에 관한 대화 (2)

A: That's a nice sweater, sir/ma'am.

스웨터가 멋있네요!

B: Thanks. How kind(how nice) of you to say that.

그렇게 말해 주시니 고맙습니다.

※ 간략하게 'Thanks. How kind'라고 말해도 된다.

A: It really is very nice. Where did you get it?

정말 괜찮네요. 어디서 사셨어요?

B: I got it at Macy's.

Macy's에서 샀어요.

※좀 더 영어스러운 느낌을 주는 것은 'get'이며, buy보다 많이 사용한다.

A: Oh, you did a great choice!

참 좋은 선택을 하셨네요.

Did you buy something else there?

다른 것들도 사셨나요?

B: I bought some more gifts for my family members and friends.

내 가족과 친구들 선물 좀 샀어요.

A: I hope you had a good time.

재미있는 시간 보냈기를 바랍니다.

B: Yes, I (we) did. Thanks.

네. 재밌었어요. 고맙습니다.

칭찬에 관한 대화 (3)

Amy: You did an excellent job yesterday, Jon!
존! 어제 발표 진짜 잘하던데.

I really enjoyed your presentation yesterday.

= I had a good time with your presentation yesterday.
어제 너의 발표시간 좋았어.

Jon: Do you really think so?
정말 그래?

Amy: Oh, yeah, it was fabulous.
그래, 진짜 괜찮더라고.

Situation 01 호텔 종업원과 고객의 칭찬에 관한 대화

Staff: Hi, welcome to (hotel or restaurant name).
어서오세요.

How may we help you, sir/ma'am?
어떻게 도와드릴까요?

Guest: Thanks, we need to check in.
고맙습니다. 체크인할게요.

Staff: Sure(Certainly), did you make a reservation(book your reservation), sir/ma'am?
예약하셨어요?

- book 연결해주다, 예약하다

Guest: Yes, we did through Priceline(the Internet).
네, 프라이스라인으로(인터넷으로) 예약했어요.

Staff: Okay, let's see, by the way, where are you from?
네, 그럼 볼게요. 그런데 어디서 오셨어요?

- by the way 그런데

Guest: Oh~! We are from Korea and traveling here and there.
오~! 네, 한국에서 여기저기 여행하러 왔어요.

- here and there 이곳 저곳
- this and that 이것 저것

Staff: Great. (or fabulous, very nice, excellent!).
멋있네요. (또는 굉장하네요. 아주 좋네요. 훌륭하네요!)

By the way, your English is very good. I bet you must study a lot.
그런데, 영어 매우 잘하시네요. 공부 진짜 많이 하셨나 봐요.

Guest: Thank you, sir/ma'am. Well, I am trying hard (every chance I get).
고맙습니다. 그냥 열심히 하고 있어요. (기회될 때마다 열심히 하는 거죠 뭐.)

Staff: I hope you've had a good time so far.
즐거운 여행이 되고 있기를 바랍니다.

Guest: Oh, Yes, we've had. Thanks.
네. 즐겁게 여행하고 있어요. 고맙습니다.

Staff: That's right, as you say, we should (keep practicing hard).
맞아요. 말씀하셨듯이 열심히 해야죠

By the way, I found your reservation here.
여기 예약하셨네요.

You are staying here for two nights, correct?
여기서 2일 머무르시네요. 그렇죠?

Guest: Right, now I am verified.
네. 이제 확인되었네요. 그렇지요?

Am I verified, now?
지금 제가 누군지 확인하셨죠?

Staff: Yes, sir/ma'am, I will get you a key right away.
네. 바로 열쇠 드릴게요.

Your room is 425, let us know if you need anything, right?
방 번호는 425호이고요, 필요한 것 있으면 말씀해 주세요.

Guest: Thanks and we will.
고맙습니다. 그렇게 할게요.

Hospitality

Chapter 10

Offering Help & Advice

도움 주고받기

상대방에게 도움을 주거나, 도움을 요청해야 하는 상황에 놓일 때가 있다. 이 장에서는 다른 사람들에게 도움을 요청하거나 도움을 줄 때 어떤 표현들을 사용해야 하는지 배워 보자. 또한, 다른 사람으로부터 도움을 받았을 때의 감사 표현 방법을 익혀보도록 하자.

1 상대방에게 도움을 주고자 할 때

Can I(we) help you(all)?
도와드릴까요?

조직의 구성원으로서 도움을 주려고 할 때는 I 대신 we를 사용하면 좋다. 2명 이상에게 도움을 주려고 하면 you all을 사용한다. 친한 사이에서는 you guys를 사용할 수 있는데 guys는 친한 경우만에 사용하는 것이 좋다. you all 대신 guys를 자주 사용하다 보면, 무례하게 들리기도 하기 때문이다.

이때 2명 이상이기 때문에 them을 사용한다고 생각할 수 있는데 'Can I help them?'은 제3자를 지칭하여 '저기 계신 분들을 도와드릴까요?'라는 의미로 사용된다.

'도와드릴까요?'의 다른 표현들

- Do you need any (some) help?
  도움이 필요하세요?
- Would you like some help?
  도와드릴까요?

- Need any (some) help?
  도움 필요해?

- Do you need a hand?
  손(도움)이 필요해?

TIPS

any와 some의 사용

any는 '아무거나'라는 뜻이 있고 some은 '일부분'을 의미하므로 이 두 어휘는 '어떤 것에 대한 한 부분'을 이야기하는 것이다. 수업과 상관없이 '어떤 질문이라도 좋아요.'라고 이야기할 때는 'Do you need any question.'이라고 표현하며 구체적으로 한 부분에 대해서 질문을 받고 싶거나, 질문 있을 때는 'Do you need some help(question)?' 간단하게는 'Need a HELP?↗'라고 표현할 수 있다. 이때 말의 끝을 올려서 이야기하면 질문하는 의도로 표현할 수 있다. 어떤 말이는 의문문을 잘 모를 때 짧게 뒤쪽을 올려 주면 의사 전달에 있어서 의문문의 형태를 가질 수 있다.

2 상대방에게 도움을 요청할 때

Can you help me (out) please?
도와주실래요?

Would you mind helping me out please?
도와주셔도 괜찮으시겠어요?

Can you give me a hand?
손 좀 빌려 주실래요?

- **Would you mind** helping me out please?

'mind'라는 표현은 한국말로 직역하면 '꺼려하십니까?'라는 의미이다. mind 다음에는 보통 ing가 따라오는데 예를 들어, 'Would you mind helping me?'라고 하면 '도와주시는 것 꺼리세요?'라는 의미이다. 쉽게 말해서 '도와주실래요?'라고 도움을 요청할 때 상대방의 생각을 묻는 정중한 표현이다. 이 표현 자체만 볼 때는 사용하기 좋은 표현이지만 대답할 때 혼란스러운 상황이 생길 수 있다.

앞에 나온 표현 중 'Can you help me?'라고 물었을 때 'Yes.'라고 대답을 하면 상대방에게 '그래 도와 줄게.'라는 의사를 표현하는 것이고, 'No.'라고 대답을 하면 상대방에게 '아니 안 도와 줄 거야.'라는 의사가 전달되는 것이다.

그러나 mind가 있으면 반대로 대답해야 한다. 'Yes.'라고 대답을 하면 '안 도와 줄 거야.'라는 의미이고, 'No.'라고 대답을 하면 '그래 알았어.'라는 의미가 된다.

예를 들어서, 상대방이 손을 잡고 싶다는 의미로 'Would you mind just holding your hands(손 잡는 것 꺼리십니까)?'라고 물었는데 '아뇨, 손 잡지 마세요.'라고 말할 때 'NO.'라고 대답한다면 틀린 표현이 된다. 이는 손을 잡아도 된다는 긍정의 의미이기 때문이다. '그래, 손잡아도 돼.'라는 의미로 'Yes.'라고 대답하면, 역시 틀린 표현이 된다. 대답에 있어서 부정의 의미를 담고 있기 때문이다. 그러므로 'mind'를 사용하는 대화에서는 답변을 할 때 주의해야 한다.

• Give me a hand.

이 표현을 할 때 'Give me a HAND?↗'라고 끝을 올려 준다면 도움을 요청하는 질문으로 충분히 의사전달을 할 수 있다.

3 상대방 도움을 받았을 때 답변

- Oh, yes, please thanks so much.
  아! 네, 매우 감사해요.
  ※ 'oh, yes' 대신 'oh yeah'라고 말해도 된다.
- Sure, how kind of you.
  네, 참 친절하시네요.
- I'd be happy to have your help.
  도와주셔서 기쁩니다.

4 구체적으로 도움을 주고 싶을 때

- What can I help you?
  무엇을 도와드릴까요?
- What can I do for you?
  제가 무엇을 하면 될까요?
- What do you want me to do (for you)?
  제가 무엇을 해드리면 될 것 같아요?
- How can I assist you?
  어떻게 도와드릴까요?

'Can I'로 물어보는 것보다는 'how'와 'what'을 붙여서 물어보면 대화가 구체적으로 이어질 수 있다.

연습해 보자 Let's Practice

Situation 01 호텔에서

Staff: Excuse me, sir/ma'am, do you need some help?
고객님, 도움 필요하세요?

Do you want me to help your luggage?
가방 도와드릴까요?

Guest: Oh! Thanks, that would be great.
아! 네, 그래 주시면 참 좋겠네요.

=Oh thanks, can you please?
아! 네, 그래 주실래요?

Situation 02 레스토랑에서 (1)

Staff: Hello, sir/ma'am, do you need some help?
고객님, 도움 필요하세요?

Can I(we) help you?
도와 드릴까요?

Guest: Yes, please. I(we) need a booster for the baby.
네. 아기 의자가 필요해요.

- **booster, high chair, feeding chair** 유아용 의자.

Situation 03 레스토랑에서 (2)

Staff: Hello, sir/ma'am, do you need some help?
고객님, 도움 필요하세요?

Guest: Yes, we do. We have three bags too big.
네. 가방 세 개가 너무 큰데요.

Can you please keep these safe?
보관해 주실 수 있으세요?

=Can you watch my bag for a sec?
내 가방 좀 잠시 봐 주실래요?

Can you hold my bag while I am getting my wallet?
지갑 꺼낼 수 있게 가방좀 잡아 줄래요?

- watch 망보다, 물건이나 사람을 봐 주다.
- for a sec(ond) 잠시만
- hold 잡다, 들다.

Staff: Sure, not a problem. We will do, sir/ma'am.
물론 문제 없어요. 그렇게 하지요.

※ we need help를 줄여서 we do라고 말할 수 있다.

Situation 04 집에서

John: Sue, what should I do to get rid of the hiccups?
딸꾹거리는 것 이떻게 없에지?

- hiccup 딸꾹질
- burp 트림을 하다

Sue: Hold your breath for a sec.
숨을 잠깐만 참아 봐.

(or) Get a glass of water and drink around.
아니면 물컵 주위를 돌리면서 마셔 봐.

- get rid of A(= remove A) A를 없애려면 어떻게 하지?

Situation 05 친구 사이에서

Ki: Wow! It is raining (hard).

와! 비가 막 오는데.

Josh: What? What the heck(hell, fuck)! I didn't bring my umbrella.

뭐? 아 이런 ××! 우산 안 갖고 왔는데.

I forgot to bring my umbrella.

우산 가져오는 걸 깜빡했어.

I left my umbrella at the restaurant.

식당에 우산 두고 왔네.

※ heck → hell → fuck 강도의 세기 차이.

Ki: (That's) Too bad. Do you want to share with mine?

안 됐다. 같이 쓸래?

Giving Instructions

설명하기

1 ~을 설명해 주실래요?

Can you please explain how to operate this coffee machine?
V O

이 커피 기계가 작동하는 것을 설명해 주실래요?

›· Can you please explain how to + V(동사) + O(목적어)

= 목적이를(기) 동사하게 하는 것을 설명해 주실래요?

- operate 작동하다

· Can you please explain?

설명해 주실래요?

- explain 설명하다.
  - explain 대신 사용할 수 있는 단어
    - show: 보여 주실래요.
    - teach: 가르쳐 주실래요.
    - demonstrate(demo): 본보기로 보여 주실래요.

· how to~(~을 어떻게 하는지)

'how to + 동사'의 형태이면 '어떻게 동사하는지'라는 의미가 되며 'how to + 동사 + 목적어' 형태가 되면 '목적어가 어떻게 동사하는지'라는 의미가 된다. 이를 응용하여 'how to operate coffee machine?'이라고 하면 '커피 기계를 어떻게 작동시키지?'라는 의미가 된다. 'how to' 다음에 여러 가지 단어를 사용하여 응용할 수 있다.

- how to operate: 어떻게 작동하는지
- how to cook: 어떻게 요리하는지
- how to design: 어떻게 꾸미는지
- how to do: 어떻게 하는지
- how to express: 어떻게 표현하는지(감정 표현)
- how to fix: 어떻게 고치는지
- how to present: 어떻게 표현하는지(말, 언어로 표현)
- how to show: 어떻게 보여 주는지
- how to sit: 어떻게 앉는지
- how to stand up: 어떻게 일어나는지
- how to study: 어떻게 공부하는지
- how to teach: 어떻게 가르치는지
- how to turn on(off) the light: 불을 어떻게 켜야(꺼야) 하는지
- how to work out (exercise): 어떻게 운동하는지

2 ~을 어떻게 하는지 아세요?

Do you know how to operate this coffee machine?
(operate = V, coffee machine = O)

이 커피 기계를 어떻게 작동하게 하는지 아세요?

Do you know how to + V(동사) + O(목적어)

= 목적어(를/가) 어떻게 동사하게 하는지 아세요?

How do you + 동사 + 목적어?

= 너는 어떻게 목적어를 동사하는지 아니?

How do I + 동사 + 목적어?

= 나는 어떻게 목적어를 동사하죠?

• How do I operate this coffee machine?
이 커피 기계를 어떻게 작동하죠?

여기서 do 대신 can을 사용하면 '~ 할 수 있죠?'라는 의미가 된다.

• How can I operate this coffee machine?
이 커피 기계 어떻게 작동시킬 수 있죠?

연습해 보자 Let's Practice

Situation 01 커피숍에서

John: Sir, do you know how to operate this coffee machine?
이 커피 기계가 어떻게 작동하는지 아세요?

=Can you please explain how to operate this coffee machine?
이 커피 기계가 어떻게 작동하는지 설명해 줄 수 있나요?

=Can you please **demonstrate** how to operate this coffee machine?
이 커피 기계가 어떻게 작동하는지 직접 보여 줄 수 있나요?

※ demonstrate는 상황을 직접 시연하면서 (자세히) 보여 주는 것을 말한다. 반면에, show는 그 정도가 매우 약하다.

Sue: Sure, first you need to check the power **switch(button)**.

=First, make sure to check the power **switch**.

=First, make sure you should check the power **switch**.
먼저, 전원 스위치를 확인해요.

※ 이 문장의 끝에 'on'을 넣어서 'switch on'이라고 하면 '켜져 있는지 확인하세요.'라는 의미가 되며 'off'를 넣으면 '꺼져 있는지 확인하세요.'라는 의미가 된다.

- first 우선, 먼저
- power switch/power button 전원 스위치/전원 버튼
- make sure 확실하게 ~을 하다

- **should** (85~90 정도) ~을 해야 한다.
  have to 꼭(99~95%) 해야 한다.
  must 반드시(100%) 해야 한다.

Sue: Then, wait for about 20 minutes to **warm up** the machine.

그러고 나서, 기계가 따뜻해질 때까지 약 20분 정도 기다려요.

- **then** 그러면, 그랬으면, 그래서

※ 'warm up'이라는 표현은 운동하기 전에 하는 스트레칭 등의 동작을 말하는 것으로 '몸을 풀다'라는 의미로 사용하는데 요리할 때나 기계에 사용하기도 한다.

Situation 02 호텔 로비에서

Guest: Hi, I am looking for a fitness center. where is it?

피트니스 센터를 찾고 있어요. 어디에 있나요?

=Can you show me where a fitness center is (at)?

피트니스 센터가 어디 있는지 보여 주실래요? (알려 주실래요?)

=Where do I work out?

어디서 운동하죠?

- **work out** 운동하다

Are you **working out** (these days)? (요새 운동하나 보네?)

staff: Sure, **take on the elevator** and it is on the 3rd floor.

물론이죠, 엘리베이터를 타고 3층에 가면 있어요.

※ take on the elevator 대신 use the elevator라고 말해도 무방하다.

Guest: Thanks much.

매우 감사해요.

Staff: Not a problem, my(our) pleasure, **you bet**.

별거 아니에요. 저희의 업무인걸요.

※ you bet = certainly, sure thing, indeed, that's for sure 등과 같은 말이며 동의하는 표현으로 사용된다.

Making Comparisons

비교하기

A와 B, 두 가지가 있다면 둘 중에서 뭐가 더 좋은지, 혹은 더 나쁜지에 대해 비교하게 된다. 또, 어떤 장소로 여행을 갔을 때 어떤 곳에서 머물면 더 좋을지 등 여러 비교를 하는 상황을 마주하게 된다. 이때 사용하는 비교하기 표현들에 대해서 알아보도록 하자.

1 'which'의 사용

Which hotel is the best place to go in Seoul?
어느 호텔이 서울에서 머무르기에 가장 좋지?

Guest: **Which** hotel is the best place to go in **Seoul**?
어느 호텔이 서울에서 머무르기에 가장 좋을까요?

Local resident: I think Hotel Shilla **might be the best** but it is **expensive, though**.
제 생각에는 신라호텔이 제일 좋은데 비싸기는 하죠.

※ local resident란 지역 주민을 말하는데, 잘 생각이 안 나면, people이라고 말해도 된다.

Guest: Where will do you stay?

=Where would you stay (if you were me)?

=Where will you stay?

어디에 머무르고 싶은데요? (만약 내 입장이라면?)

Local resident: Well, I will stay at a local inn because it is **inexpensive**.
아! 저는 여관에 머무를 건데요. 저렴하잖아요.

- inn 여관

which 다음에 오는 단어로 hotel 대신 다른 장소를 넣어 응용할 수 있다.

- which restaurant 어느 식당
- which cafe 어느 카페
- which bar 어느 바
- which club 어느 클럽
- which museum 어느 박물관

내가 있는 장소가 잘 생각이 안 난다면, Seoul 대신 here을 사용할 수 있다.

'might be the best.'는 '아마 제일 좋을 것이다.'라는 의미로 사용되는데 'might be'는 100% 확신이 없을 때 하는 표현이다.

'진짜 비싸요.'라고 말할 때는 'very(또는 pretty) expensive.'라고 말할 수 있다.

though라는 표현은 우리에게는 익숙하지 않은 표현인데 '그렇기도 하죠.', '그럴 만도 하죠.'라는 의미로 사용되며 영어를 사용하는 원어민들에게는 매우 친숙한 표현이다.

inexpensive 대신 cheap을 사용할 수도 있다. 그러나 이 둘은 비슷한 것 같지만 의미의 차이가 있다. inexpensive는 '비싸지 않은'이라는 의미이며 'cheap'은 '싸다, 가격이 낮다, 저렴하다'라는 의미로 사용된다.

만약 사람에게 'He is very cheap.'이라고 말하면 '깍쟁이', '돈을 잘 쓰지 않는 사람'이라는 뜻이 된다. 음식점에서 cheap라고 한다면 '가격이 저렴한'이라는 의미가 될 수도 있지만, '질적인 면에서 좋지 않다'는 의미가 되기도 하므로 가격이 저렴하다는 의미로 말할 때 inexpensive를 사용하는 게 더 정확한 표현이 된다.

Guest: Oh, really? Why is that? Because it is too expensive? or something else?

아, 정말요? 왜 그렇죠? 너무 비싸서요? 아니면 다른 이유라도?

Local resident: Yeah! It is a little bit expensive and a bit far away from downtown.
그렇죠, 조금 비싸고 시내하고 좀 멀어서요.

Guest: I see. Sure, then I think I stay at a local inn.
알겠어요. 지역 여관에 머물어야 겠네요.

Which one do you recommend?
어느 곳을 추천해 주실래요?

'I see'는 몰랐던 것을 알게 된 사실에 대해 '알겠네'라는 의미로 사용할 수 있다. 이때 유의해야 할 것은 'I know'를 사용하면 '나는 이미 알고 있었다'는 의미가 되므로 적절하지 않다는 것을 알아 두자.

2 'than'의 사용

'better than ~' 하면, 'than 이하의 것보다 앞 조건이 더 좋은'이라는 의미가 된다.

- I like this food better than that food.
  이 음식이 저 음식보다 좋아요.

'more than ~' 하면, 'than 이하의 것보다 앞 조건이 더 많은'이라는 의미가 된다.

- I like to have this food more than that food.
  그 음식보다 이 음식이 더 많았으면 좋겠어요.

'worse than ~' 하면, 'than 이하의 것보다 앞 조건이 더 안 좋은'이라는 의미가 된다.

- I think this food is worse than that one.
  그 음식보다 이 음식이 더 안 좋네요.

'greater than~' 하면, 'than 이하의 것보다 앞 조건이 훨씬 좋은, 큰'이라는 의미가 된다.

- this building is greater than that (building).
  그 빌딩보다 이 빌딩이 더 멋있네요(좋네요).

'longer than~' 하면, 'than 이하보다 더 오랫동안'이라는 의미가 된다.

- I like to stay longer than the due date.
  정해진 날짜보다 더 머무르고 싶네요.

h o s p i t a l i t y

PART 2

일상생활에서 사용하는 표현들 Q&A

일상생활에서 사용하는 한국어의 다양한 표현을 영어로는 어떻게 표현하는지 알아보도록 합시다.

Q

한국에서 레스토랑이나 바에서 아주머니께 '이모!'라고 부르는 것처럼 영어로 하는 친근한 표현이 있나요?

A

'darling', 'honey', 'sweetie', 'pretty' 등을 많이 사용하고, 무난하게 'ma'am/sir'을 사용할 수 있습니다. 영어로 사용하는 표현 중에 한국의 정서로는 '뭐야 너무 친근하게 이야기하는 거 아닌가?', '오랫동안 알고 지낸 사람인가?' 하는 오해를 할 수 있는 것들이 있습니다. 대화를 나눌 때 이 용어를 쓰면 과도하게 친근한 느낌이 들어 이상할 수 있지만 영어권에서는 자주 사용하는 표현입니다.

Guest: Hello, sir/ma'am.
안녕하세요?

Staff: Yes, sir/ma'am, what can we help you with?
네 고객님(손님), 무엇을 도와드릴까요?

Guest: Hello, sweetie.
여기요.

Staff: Yes, what can we do for you?
네, 무엇을 도와드릴까요?

손님이 그냥 잠깐 손을 살짝 들고 'Hi darling', 'Hi honey', 'Hi sweetie', 'Hi pretty'라고 부른다면 한국의 '이모'라고 하는 것으로 생각하면 됩니다.

Q

호텔에서 깨워달라고 하는 표현은 어떻게 하나요?

A

- A wake-up call please at seven.
  7시에 깨워 주세요.

위와 같이 간단하게 얘기를 해도 됩니다. 문법적으로 맞춰서 표현하고 싶으면 'Could I have~?'라고 말해도 됩니다.

Guest: Could I have a wake-up call at seven o'clock?
7시에 깨워 주실 수 있으세요?

Staff: Okay, sir/ma'am, room number?
= Okay we will do. room number?
네, 그러지요. 방 번호는요?

Q

식당에서 음식을 추천해달라고 하는 표현으로 어떤 것이 있나요?

A

Server: Hi, may I help you?
= May I take your order?
주문하실래요?

Guest: Okay(sure, we are ready).
네, 준비되었어요.

What do you recommend here?
= Is there something you recommend for me(us)?
여기 뭐 추천해 주실 수 있으세요? (어떤 음식이 좋아요?)

Because we are(I am) new here.
여기 처음이거든요.

= Because I am still new here.
아직 여기가 낯설어서요. (머문 지 오래되지 않아서요.)

Q 여행갔을 때 호텔이나 펍 같은 장소에서 처음 보는 외국인들과 가볍게 주고 받을 수 있는 대화는 어떤 것이 있나요?

A

예 여행객끼리의 대화

A: Are you from here?
여기 주민이세요?

B: No I am not. I am from Finland.
아니요. 핀란드에서 왔어요.

A: Ah~ Finland? Far away, right?
아~ 핀란드요? 멀리서 왔네요. 그렇지요?

B: Yeah, about ten hours.
네, 약 10시간 걸려요.

A: Not too bad, I am seventeen hours.
나쁘지 않네요. 저는 17시간 걸려요.

B: Quite far (away), non-stop or stop-over (somewhere)?
멀군요. 직항 아니면 경유하나요?

예 현지인과의의 대화

A: Are you from here?
여기 주민이세요?

B: Yes, I am. Where are you (from)?
예. 어디서 오셨어요?

A: Ah~ I am from Korea, First time.
아~ 한국에서요. 처음이에요.

B: Business? or travel?
업무 때문인가요? 아니면 여행인가요?

A: Oh~ travel, with my friend.
오~ 친구하고 같이 여행왔어요.

B: Have a good trip.

= enjoy your stay.

= enjoy your trip.

좋은 여행하세요.

Q

초대를 받아서 갔는데 내가 먹지 못하는 음식이 나올 때 정중하게 거절하는 표현을 알고 싶어요.

A

A: Wow! It looks delicious.

와우! 맛있어 보이네요.

I want to try it badly but I am allergic to a new food.

완전 먹고 싶기는 하지만 새로운 음식에 알레르기가 있어서 아쉽네요.

Can I just have a small bit instead?

조금만 먹어도 되나요?

B: Sure, don't have to eat it.

물론이죠, 안 먹어도 괜찮아요.

A: Oh, thanks for understanding.

이해해 주셔서 고마워요.

Sorry, I hope you are not offended by my picky appetite.

죄송하지만, 내 까다로운 식욕 때문에 불쾌해지지 않았으면 좋겠네요.

B: Something else you like?

다른 거 좋아하는 거 있나요?

A: No, I am fine (now).

아뇨, 이것이면 괜찮습니다.

- **picky** 까다로운, 까탈스러운

  She/He is **picky** (on food).

  그/그녀는 (음식에) 까다로워.

Q 돈 주고 사 먹기 아까운 음식을 표현할 때 쓰는 표현이 궁금합니다.

A

absurd

우선은 'absurd'라는 표현을 많이 사용합니다.

- It is absurd. It is not worth trying (paying, buying) it.
  짜증나네, 먹고 싶지도 않아. (돈 낼 가치도, 사 먹을 가치도 없어.)

absurd 불합리한, 말도 안 되는

'absurd'는 맛뿐만 아니라 '말도 안 돼!'라는 의미로도 사용됩니다.

- He/She is absurd.
  그 애는 참 이상해(행동과 말이 정상적이지 않은).

Anna: You know what? The pizza last night was way too salty.
그거 있잖아. 어젯밤에 먹었던 피자가 너무 짜더라고.

Sue: What pizza? Where did you get it from?
무슨 피자? 어디서 난거야?

Anna: We had it from a local store, way too salty. Not worthy trying. Totally absurd.
동네 피자가게에서 샀는데 너무 짜. 안 먹는 게 나아. 완전 별로야.

Peter: Where did you stay last night, John?
존, 어젯밤 어디에서 묵었어?

John: I stayed at a local inn.
이 동네 숙소에서.

Peter: How was it? Was it any good?
어땠어? 괜찮았어?

John: Hell no, not worthy paying any. Totally absurd.
아니, 돈이 아까워, 완전 별로야.

›→ it was so bland, boring, and kind of flat. (이건 이도 저도 아닌 맛이야.)

John: Did you go out last night?
어제 외식했니?

Sue: Yeah, we went to a local restaurant.
응 동네 식당에 갔었어.

John: How was it? Was it any good?
어땠어? 좋았어?

Sue: Nah, it was so bland, boring, and kind of flat.
이도 저도 아니던데.

- **bland** 밋밋한
  The story was **bland.** (그 스토리 너무 밋밋하던데.)
- **boring** 심심한, 재미없는
  I am **bored.** (나 심심해.)
  It is **boring.** (그거 재미없네.)
- **flat** 맥없는, 김빠진
  I have a **flat** tire. (바퀴가 바람이 빠졌어.)

›→ Nothing

- It was completely nothing(no taste at all).
  아무 맛이 없어.

  = It was nothing.
  아무 것도 아냐.

  = You are nothing(nobody).
  넌 아무것도 아냐. (욕설에 가까움)

Q

가볍게 주고받을 수 있는 대화에는 어떤 것이 있나요?

A

가볍게 주고 받는 인사말 정도로는, 'hi', 'hello'가 있습니다. 또는 'How are you there.'라고 먼저 말을 걸면 상대방의 반응을 이끌 수 있습니다. 날씨에 관한 대화를 나누는 것도 좋습니다.

- It is pretty gorgeous.
  날씨가 아주 멋지네.
  - gorgeous 아주 멋진, 화려한

'gorgeous' 외에 날씨와 관련된 다양한 단어를 알아두면 때에 따라 적절하게 응용할 수 있습니다.

- cloudy 구름낀
- gloomy 우중충한
- windy 바람부는
- drizzling 비가 보슬보슬 내리는
- hot 더운
- fine 좋은

A: Hi, there.

=How are you there?
안녕하세요.

B: Hi, good, how about you?

=Hi, what's up?
네, 안녕하세요?

A: Hey, it is gorgeous today.
오늘 날씨 좋네요.

Hey, you look gorgeous today.
오늘 당신 멋있네요.

Q

우리나라는 '부모님과 혹은 친구, 친척과 같이 산다.'라고 하잖아요. 직역하면 'I live with my family(or friend)가 되는데, 'shares with somebody.'라고 표현하더라고요. live with somebody보다는 share라는 표현을 쓰는 게 더 정확한 표현인가요?

A

'share with'는 무난하게 사용할 수 있습니다. 한국적 사고에서는 live를 쓰는 게 적당합니다. 하지만, 미국 생활방식에서 본다면 아이들(경제적 능력이 아직 형성되지 않는 연령)은 live가 맞아요. 그렇지만, 경제적 능력이 가능함에도 불구하고, 일을 안 하거나, 못하고 있거나, 어떤 사유로 인해서 독립을 하지 않고 있으면서 부모님 집에서 있게 될 때는 share라는 표현을 쓰기도 합니다. 그리고 어떤 가족은 utility fee(전기세, 물세, 쓰레기 청소 비 등)를 일부 내기도 하지요. 그런 의미에서 share를 사용합니다.

Q

'남은 음식 좀 포장해 주실 수 있나요?'라는 표현을 알고 싶어요.

A

포장할 수 있는지 묻기보다는 '포장상자(a to-go box)'가 있는지 묻는 것이 좋습니다.

Guest: Sir/Ma'am, do you have a to-go box available?
포장상자 있나요?

굳이 한국식으로 표현하자면 아래와 같이 말할 수 있습니다.

Guest: Can I have a to-go box? (Can I take this with me home?)
포장상자 있나요?

반대로, 점원이 손님에게 권할 때는 다음과 같이 말할 수 있습니다.

Staff: Sir/Ma'am, we have a to-go box available, so please enjoy the meal.
갖고 가실 수 있으니 편하게 드셔도 됩니다.

Q 손님의 식사 만족도를 확인하는 표현은 어떤 것이 있나요?

A

'식사는 맛있게 드셨나요?'라는 표현은 짧게는 'Did you enjoy it?'이라고 묻습니다. 하지만, 뭔가 더 묻고 싶을 때는 이 질문에 앞서 다음과 같이 물어보며 대화를 이어갈 수 있습니다.

Staff: How was the food? Was the food ok? (추천 표현)
음식 어떠셨나요? 괜찮은가요?
=How was everything?
=Was everything fine/ok?
모두 다 괜찮았나요?

※의문사인 what, how를 사용하면 더욱 구체적인 표현이 된다.

A: Hello, how was the food? Did you enjoy it?
음식 어떠셨나요? 괜찮았나요?

B: Sure, it was very good, we enjoyed it very much. Thanks a lot.
아, 네, 매우 좋네요. 잘 먹었습니다.

Q 냉동식품을 해동시킨다는 표현은 어떻게 하나요?

A

- Should I(we) defrost(thaw) this food?
이 음식을 해동해야 할까요?

A: We are gonna cook this weekend. What can we do with frozen foods?
이번 주말에 요리해야 하는데, 냉동식품들 어떡하지?

B: Right! It might take some while. Let's defrost(thaw) it(them) out.
그러게! 시간 좀 걸릴 텐데, 지금 녹여 둬야겠다.

defrost(thaw) 해동하다

Q

손님에게 주문할 음식의 양을 설명할 때 어떻게 표현하나요?

A

- It is for 2~3 people.
  2~3인분 정도 드실 수 있는 양이에요.
- It is good for 2~3.
  = It should be good enough for 2~3 people.
  2~3인분으로 충분해요.

Staff: How many are you, ma'am?
몇 명이세요?

Guest: Two.
두 명이에요.

Staff: Then, this should be good for 2 to 3, sir/ma'am.
2~3명에게 딱 맞을 거예요.

Q

'질겨서 씹기가 힘들다.'라는 표현을 영어로 어떻게 쓰는지 궁금합니다.

A

→ chewy

질기다는 표현으로는 대표적으로 'chewy', 'rubbery'를 사용할 수 있습니다.

A: It is too **chewy**(or rubbery).
이것 매우 질긴데.

What the heck is this?
아이쿠, 이게 뭐야?

This is like a rubber band I can't chew it.
고무밴드처럼 씹지를 못하겠어.

B: Right, we go somewhere next time.
다음 번에는 다른 데 가야겠어.

Q

충전할 곳을 찾을 때 표현은 어떻게 할까요?

A

이 가게에 충전할 곳 있나요?

- Do you have a battery charger here?
  =Do you charge my battery here?
  =Can I charge my battery here?
  =Is there a battery charger in this building?
  =Does your store have a battery charger?

Guest: Sir/Ma'am, do you have a battery charger here?
저기요. 충전기 있나요?

Staff: Yes, we do, over there.
있죠. 저기 있어요.

Guest: Okay, thanks. Is it for free?
무료인가요?

Staff: There is a price tag(sign).
가격표시가 있을 거예요.

Guest: Sir/Ma'am, do you have a battery charger here?
저기요. 충전기 있나요?

Staff: No, we are afraid.
죄송해요. 없어요.

Guest: Oops! Near here I can charge mine?
여기 가까운 곳에 없나요?

Staff: Not quite sure.
잘 모르겠네요.

Q

욕(Insult)의 정도를 알고싶어요.

A

the heck ⇒ the hell ⇒ the fuck

사용하지는 않더라도 알고 있으면 유용한 표현입니다. 'the heck'이라고 하면 '에라이', '이게 뭐야' 정도로 제일 약한 표현이며, 그 다음으로 'the hell'인데 '지랄' 정도로 이해하면 됩니다. 'the fuck'은 가장 강한 표현으로 욕(씨발, 개×
×)에 가까운 표현입니다.

만약 이 표현들을 사용할 때, 앞의 두 표현은 받아들이는 데 있어서 문제가 없지만, the fuck은 자칫 오해의 소지가 있기 때문에 사용할 때 유의해야 합니다. 덧붙여서, 편안한 자리에서 감정, 날씨, 상황, 매너 등을 강하게 표현할 때 위의 단어를 사용할 수도 있습니다.

- Are you **fucking** a deaf(or not)?
  무슨 얘긴지 진짜 못 알아듣겠니?
- Hey! What **the heck** is going on here?
  야! 도대체 무슨 일이야?

Q

맛있다는 말도 문장에 따라 강도가 다르다고 생각하는데, '너무 맛있다.'라는 표현에 대해 알고 싶습니다. 단순히 yummy가 아니라 '하늘을 나는 기분이야!', '기분이 업 되었어!'처럼 엄청 맛있는 맛을 표현할 때 쓰는 단어가 궁금합니다.

A

한국어로 표현할 때도 비슷하겠지만, '맛있다'는 표현은 한 가지로 표현하기는 어렵습니다. '진짜 맛있어'를 표현하더라도 눈을 동그랗게 하고 얼굴 표정도 다르게 했을 때 더욱 강렬하게 전달할 수 있습니다. 영어로는 'oh my god'을 앞에 두고 얼굴 표정이나 눈도 동그랗게 뜨고 표현하면 의미가 더욱 잘 전달될 것입니다. 물론 맛있다는 표현은 'splendid, delectable'을 사용할 수 있습니다.

- splendid 훌륭한
- delectable 아주 맛있는

A: How was the taste?

=How was the food?

=How did you like the food?

음식이 어떤가요?

B: Oh my god! It was amazing(or splendid, delicious, remarkable).

이야! 너무 좋아요(놀라워요, 엄청난 맛이에요, 놀랄 맛이네요.)

It was the most delicious food that I have EVER tried.

이전에 먹었던 음식 중에 제일 맛있네요.

매우 맛있다는 표현(amazing, splendid, awesome, yummy)

'amazing, splendid, awesome'은 '진짜 맛있다, 정말 맛있다' 정도의 표현입니다. 편안하게 쓸 수 있는 표현으로는 'yummy, sweet'과 같은 표현들이 있는데 보통 'yummy'는 어린이들이 많이 사용하는 단어로, 애교가 섞인 표현을 할 때 사용할 수 있습니다. sweet을 단순하게 말하면 그저 달콤한 수준을 표현하지만, 길게 늘어뜨려서 'sweeeeeet, swee~t'이라고 말을 하면 맛이 있다는 걸 깊게 표현하는 방법입니다.

- amazing 놀라운
- awesome 굉장한(대박)

‘톡 쏜다’는 의미의 표현(piquant, tangy, pungent)

piquant는 레몬과 같이 매우 톡 쏘고 매우 신 맛을 의미합니다. tangy는 오렌지와 같이 약간의 톡톡 쏘는 맛을 의미합니다. pungent는 삭힌 홍어처럼 톡 쏘는 맛이 매우 강할 때 사용합니다. 부정적인 표현으로 사용되어 부담이 갈 수도 있는 정도의 맛 표현입니다.

A: What is it like?
어떤 것 같아?

B: Oh, Gosh. It is **piquant** and lemony.
이런, 완전 톡 쏘는 게 레몬 같아.

It is **pungent** like spoiled fish.
완전 팍 쏘는 게 삭힌 생선 같아.

- **piquant** 얼굴을 살짝 찡그리게 하는, 톡 쏘는
- **tangy** 상큼하게 톡 쏘는
- **pungent** 고약하게 톡 쏘는
- **spoiled** 상한, 맛이 간

Q 여름철에 과일이 과즙도 많고 맛도 좋으며, 향도 좋다는 표현에는 어떤 것이 있나요?

A

luscious

간단히 말하면 'luscious'라고 합니다. luscious라는 표현은 복숭아 중에서 꿀맛이 나는, 대단히 즙이 많은, 한 입을 베어 먹었을 때 입 주위로 과즙이 흘러내려 오는 것을 말하며, 과일뿐 아니라 다른 음식에서도 사용됩니다.

- Wow! Look at that. Everything (every food) in this store looks **luscious.**
  와! 이것 봐. 여기 있는 거 다 맛있어 보여.

여기서 'Wow!' 대신 'Oh gosh!', 'Oh my god.', 'Oh my goodness!'의 감탄사로 바꿔서 쓸 수 있습니다. 'Oh my god.'의 경우는 약간의 긍정과 부정을 같이 포함하고 있고, 'Oh my goodness.'의 경우는 약간의 부정적인 의미를 포함하고 있습니다. 또한 짧게 'Oh God.'으로도 표현할 수도 있습니다. 각국마다 언어표현할 때에 그 나라만의 문화를 가지고 있으며 영어는 표현에 있어서 감탄사가 많습니다.

A: What are you talking about?
무슨 얘기하고 있어?

B: Pretty much everything here looks awesome, luscious.
여기 있는 대부분이 너무 맛있어 보여.

A: You know what?
왜 그런지 알아?

B: What?
왜?

A: You must be starved(hungry).
배고파서 그래.

B: Maybe(probably) true. But, seriously luscious.
그럴 수 있지. 아니 그래도, 진짜로 맛있어 보인다고.

A: Sure, admit (agree) it.
인정할게.

Q

딱 그 가격 맛이야.

A

'price tells(or decides, determines) quality'

조금 저렴한 음식을 먹었을 때 음식이 맛이 없는 것도 아니고 그렇다고 매우 맛있는 것도 아닐 경우에. 가격과 맛이 같은 수준일 때, 예를 들어 1,500원짜리 와플을 먹었을 때 싼 가격에 맛있지만 3,000원짜리 와플보다는 맛이 덜할 때. 내가 먹은 와플에 대해 '괜찮았어 가격(1,500)에 맞는 맛이었어'라고 표현하고 싶을 때. 쉽게 표현하자면, 'price tells(decides, determines) quality'라고 할 수 있습니다.

A: We went to a pizza house near our campus.
학교 근처 피자가게에 갔었거든.

B: How was it?
어땠든?

A: Well, the price tells it all.
딱 그 가격에 맞는 맛이더라.

B: Was it that bad?
그렇게 안 좋았어?

A: Well, not bad, bad.
그렇게 나쁘지는 않았어.

Price tells it.
딱 그 가격 맛이야.

Q

손님이 비슷한 맛의 음식을 두 개 주문하셔서 다른 음식을 추천해드리고 싶을 때

A

Staff: The foods you ordered are very similar because they use the same sauce.
주문하신 두 음식은 소스가 같아서 맛이 비슷합니다.

Would you be okay with that?
맛이 비슷해도 괜찮으세요?

Would you like to order another (food)?
아니면 다른 음식은 어떠세요?

Guest: Oh~ really? What kind of sauce is that?
오~ 그래요? 어떤 소스인데요?

But, they have a different name.
그런데, 이름은 다르네요.

Staff: Oh~ Don't worry. They are not identical but similar.
오~ 걱정하실 만큼은 아니고, 완전 똑같지는 않고 비슷합니다.

Would you like to try it anyway, sir/ma'am.
그냥 그렇게 드시겠습니까? (공손한 표현)

Q

아르바이트할 때 외국인 손님들이 많이 오시는데요, 샌드위치나 베이글 같은 거 주문할 때 원하시면 데워드리는데 '데워드릴까요?'라고 말해야 되는데 뭐라 해야 될지 몰라서 맨날 오븐 가리키면서 'This?' 하고 말아요. 그리고 준비되면 진동벨로 알려 드릴게요. 그것도 모르겠어요.

A

• Do you want this **warm** (in oven)?
(오븐으로) 따뜻하게 해 드릴까요?

위의 표현은 모든 경우에 사용 가능할 수 있는 표현입니다. '데워드릴까요?'는 따뜻하게 하는 것이므로 'warm'을 사용하면 됩니다. 간단하게 표현하면 'Warm it?'이라고 말할 수 있습니다.
치즈가 들어 있는 음식을 데울 때는 다음과 같이 말할 수 있습니다.

• Do you want the cheese melted?
= Do you want to melt the cheese?
치즈 녹여드릴까요?

Staff: Sir/Ma'am, do you want to warm the sandwich?
샌드위치 데워 드릴까요?
Do you want to melt cheese?
치즈 녹여 드릴까요?

Guest: Sure, please do.
네, 그렇게 해 주세요.
Nah, don't worry. I will take it as is.
아뇨, 괜찮고요, 그냥 먹을래요.

Staff: Sure, not a problem. Please enjoy it.
네, 그렇게 하시지요, 맛있게 드세요.
The bell (buzzer) goes off when ready.
준비되면 벨(진동)이 울릴 거예요.
= I will let you know when (ready).
준비되면 말씀드릴게요.
= Okay, then, here is a bell, The bell/buzzer goes off when (it is) ready.
좋아요, 그리고, 여기 벨 있어요. 준비되면 벨이 울려요.

Q

매운 음식을 먹고 '혀가 얼얼해졌다.', '혀가 매워서 부은 것 같다.'라는 표현을 알려주세요. 'spicy'보다 좀 더 구체적으로 말하고 싶어서요!

A

A: Oh~ gosh, I burned my mouth after eating spicy foods.
아~! 매운 음식 먹어서 입이 얼얼해(입이 탄 것 같아).

My tongue got burned last weekend and it still hurts. What should I do now?
지난 주말에 혀가 얼얼한 게 지금도 아파, 어떻게 하지?

My tongue always burns when I eat even mildly spicy food.
조금만 매운 것을 먹어도 혀가 얼얼해져.

B: Have you tried cucumber?
오이 먹어봤어?

A: Cucumber? What does a cucumber have to do with a burning?
오이? 얼얼한 거랑 오이랑 무슨 상관인데?

B: It definitely cools you down a lot.
확실하게 차갑게 해 주거든.

A: Oh, didn't know that, I will try it now.
몰랐네, 지금 해봐야겠다.

TIPS

- hot: 뜨거울 때 쓸 수 있지만 매울 때도 쓸 수 있다.
- spicy: 말 그대로 '맵다'이다.
- fiery: 불이 날 정도로 정말 매울 때 쓸 수 있다.

이런 표현 역시 단독으로 쓰기보다는 'It is hot and spicy.'와 같이 두 가지 이상의 표현을 같이 써주는 것이 좋다.

Q

'배달되나요?'라는 표현을 알고 싶어요!!

A

- Do you deliver (food)?
- Is late night delivery available?
  = Do you deliver late night?
  밤 늦게 배달 되나요?

'배달'을 말할 때 보통 'delivery'를 쓰는데 'deliver A'는 'A를 배달하다'의 의미를 가지고 있습니다. 따라서 'Do you deliver?'라고 물을 수 있습니다. 야식처럼 늦은 밤에 주문할 때는 'Do you deliver late night?'이라고 물어보면 됩니다.

- late night snack 야식
- late night meal 늦은 식사

Anna: Hey, John, are you not (aren't you) hungry a bit?
존, 출출하지 않니?

John: What's up? You hungry too?
왜? 너도 출출하니?

Anna: Yeah, I had a dinner early.
응, 저녁을 일찍 먹었거든.

John: What do you want?
뭐 먹을래?

Anna: Chicken, okay?
치킨, 괜찮아?

John: Sure, let me call.
그러자, 내가 전화할게.

Hi, there. Do you deliver late night?
안녕하세요. 늦게 배달 돼요?

Staff: Sure, what do you want, sir/ma'am?
물론이죠, 뭐 드실 건가요?

Q

'정말 말로 표현할 수 없을 정도로 놀라운 맛이다.' 이걸 보통 'It's amazing~' 이런 식으로 표현하잖아요. 이런 진부한 표현 말고 색다른 표현 방법은 없을까요?

A

- Wow! I don't know what to say cuz(because) it is beyond description (word)
  와우! 뭐라고 말해야 할지 모르겠어. 이건 말로는 설명할 수 없어.
- It is wow! amazing. It probably is the best food I EVER tried.
  대박이야! 놀라울 정도야. 아마도 내가 먹어 본 음식 중에서 최고야.

Anna: Hey, John. Did you go out last night?
어제 밖에 나갔었지?

John: Yeah, we went to a pop-up restaurant.
팝업 레스토랑 갔었지.

Anna: How was the food?
음식 어땠어?

John: Oh Gosh! It was amazing. I don't know what to say about it, man. It was beyond any word. I am sure you must go.
와우! 정말 놀랍더라. 무슨 말을 해야 할지 모를 만큼 굉장하더라. 너도 꼭 가봐.

Q

사골의 맛을 어떻게 표현해야 할지 궁금했습니다!! 사골을 먹다 보면 담백한 맛도 나고 약간 기름진 맛도 나는 것 같습니다! 또 사골 중에 물렁물렁한 게 있는데 이 세 가지를 어떻게 표현해야 하나요?

A

A: Did you say you miss home?
집이 그립다고 했니?

B: Yeah, I miss home a lot.
진짜 가고 싶다.

A: What are you missing much?
뭐가 그렇게 그리운데?

B: Miss Korean food, like Seolleongtang.
한국 음식이 그리워, 설렁탕 같은 거.

A: What's that about?
어떤 건데?

B: Oh, man, it is amazing.
와, 이거 굉장하지.

This Korean beef soup(or stock soup, broth soup) tastes very rich in aroma and flavor.
이 한국 수프는 맛과 향이 매우 풍부해.

It also has some fatty and gelatin texture in it.
약간의 기름기와 보들보들한 내용물이 있지.

Overall it is melting through your mouth.
전체적으로는 입에서 그냥 녹는 거 같아.

Gosh! It makes me miss more.
아! 한국에 점점 더 가고 싶어지는데.

Q

'야채와 함께 버무리다.'라고 이야기할 때 'mix'말고 다른 표현이 있나요?

A

- When (once) you have all vegetables ready, now it is time to toss(or mix, combine) all with dressing.
  야채가 다 준비되었으면, 드레싱과 모든 채소를 버무리면 됩니다.

'mix'는 전체적으로 사용 가능합니다. 하지만 야채와 버무릴 때는 약간의 조심함이 필요합니다. 이럴 때 toss라는 표현을 사용할 수 있습니다. toss는 배구에서도 사용하는 용어인데, 공을 조심스럽게 적절한 높이로 올려 주는 것을 연상하면 됩니다. 또는 'combine'도 사용할 수 있습니다.
다른 표현으로 'shuffle'이 있습니다. '잘 섞는다'라는 의미로 카드게임을 할 때 많이 쓰이는 표현인데, 이 역시도 음식을 섞을 때 사용할 수 있는 표현입니다. toss와 shuffle은 비슷한 개념이지만 약간의 차이가 있는데, toss는 야채를 버무릴 때 약간 띄우면서 섞는 것을 말하며, shuffle은 그저 섞을 때 사용합니다.

A: Now we have all vegetables ready.
채소가 다 준비됐어.
What do we do now?
이제 뭐하지?

B: Toss them and sit aside.
섞은 다음에 옆에 놔둬.

A: Okay, do I put dressing now?
드레싱 소스 부을까?

B: No, don't do now. It will get soggy and mushy.
안 돼, 물러버릴 거야.

* 'dressing source'를 줄여서 'dressing'으로 표현하기도 한다.

Q

레스토랑에 갔는데 음식이 맛없으면 뭐라고 컴플레인을 걸어야 할까요?
예를 들어, 음식이 너무 짜거나 싱거워서 다시 물리고 싶을 때 어떻게 표현하는지 궁금합니다.

A

Guest: Sir/Ma'am, **sorry to say this** but this food is (way too) salty(or bland).
이런 얘기 해서 미안하지만 음식이 (너무) 짜요(또는 싱거워요).

- bland 밋밋한 맛
- way too 너무 ~한

Guest: **Can you speak to a chef** that I like to return or you may do it again?
요리사에게 음식을 다시 해달라고 전해 주실래요?

'Sir/Ma'am, sorry to say this.'라고 말할 때 천천히 말하면 공손하게 들리지만 쌂게 말하면 공격적으로 들릴 수 있으므로 주의해야 합니다.
'Can you speak to a chef(요리사에게 이야기 해 줄래요)?'라고 표현할 때는 chef 대신 'kitchen(주방)'을 사용해도 됩니다.
음식을 다시 만들어 주거나 아니면 다른 방식으로 보상해 줄 수 있는지 물을 때는 다음과 같이 말할 수 있습니다.

- That I like to return or something?
갖고 가시거나 다른 것으로 주세요.

Staff: Oops! We are very sorry. I can go ask the kitchen.
주방에 물어볼게요.

Staff: Sir/Ma'am, they come as is.
원래 그렇대요.

Would you try something else?
다른 거 드실래요?

Q

레스토랑에서 음식에서 이물질이 나왔을 때 항의하는 표현을 알고 싶습니다.

A

- Sir, I have something in my dish.
  음식에 뭔가가 있어요.

이물질이 나왔을 때 100% 확실하지 않는 한, 이것이 무엇이라고 이야기하기보다는 'something'을 사용하도록 합니다.

- Can I speak to (your) manager right away please?
  매니저하고 말해야 될 것 같네요. 당장 매니저 불러 줘요.

특히 미국에서는 매니저와 이야기를 한다는 것은 매우 큰 일로 여깁니다. 그 이유는 empowerment(직원이 의사결정을 할 수 있도록 권한을 주는 행위)로 일반 종업원에게도 권한과 그에 따른 책임을 지게 하면서 배움의 기회를 주지만 종업원을 배제하고 매니저와 이야기를 하겠다고 말하는 것은 매니저 입장에서는 직원이 이 마저도 해결하지 못한다는 인상을 갖게 되기 때문입니다.

Guest: Sir/Ma'am, I have something in my dish. I really don't know what this is about.
저기요, 음식에 뭔가가 있는데 뭔지를 모르겠어요.
Are you sure you cooking properly, this is very bad, disgusting, annoying.
음식 제대로 하는 거 맞아요? 이거 영 엉망인데요, 역겹고 짜증나네요.
Can I speak to (your) manager right away please?
매니저하고 말해야 될 것 같네요. 당장 매니저 불러 줘요.

Staff: Excuse me. What's wrong with it?
실례하지만, 뭔가 잘못되었나요?

Guest: I believe so. Come and check please.
그런 거 같아요. 와서 확인해 보세요.

Staff: Oops! We are very sorry. Let me go and speak to chef.
어이쿠! 정말 죄송해요. 셰프에게 전달할게요.

Guest: I understand it can happen.
그럴 수도 있죠.
But it is a bit too much.
하지만, 이건 조금 심한데요.

- oops 어이쿠! 어떡하지
- sorry 미안한, 유감스러운

Q

레스토랑에서 음식값을 각자 낼 때는 한국에서처럼 더치페이라는 단어를 쓰나요? 미국에서는 어떤 표현을 쓰나요?

A

- Can we go dutch(Can we dutch)?
  각자 내자.

일반적으로 더치페이를 한다는 것을 인색하고, 돈을 잘 안 쓴다고 생각하는데, 실제 이 더치라는 단어는 오래 전부터 사용하고 있는 표현입니다.
옛날에 네덜란드 사람들이 조그만 것을 먹거나 사더라도 자신이 먹거나 사용한 만큼의 비용을 낸 것에 대해 인색하게 굴었다 생각해서 나온 표현입니다.
점원에게 '나눠서 계산해 주세요.'라고 하려면, 다음과 같이 말하면 됩니다.

Guest: Can you please separate (split, break) it(the check)?
계산서 나눠 주실래요?

Q 레스토랑/호텔에서 음식 또는 주문한 것이 잘못 나왔거나 직원이 실수했을 때 정중하게 다시 서비스를 요구하는 표현을 알고 싶습니다.

A

Guest: Sir/Ma'am, this is not what I ordered. I like to have my food(mine), please.
제가 시킨 음식이 아니네요. 제 음식을 가져다주시면 고맙겠어요.

또는 간단하게 다음과 같이 표현할 수 있습니다.

Guest: Can I have my order food please? Thanks.
제가 주문한 음식을 주실래요?

Staff: We are very sorry, let me go and double check.
정말 죄송합니다. 다시 확인해 볼게요.

먼저 'sir/ma'am'이라고 호칭을 하고, '이건 내가 주문한 음식 (주문한 것)이 아닌데요. 내가 주문한 음식 가져다주실래요?'라고 말한 후 thanks까지 덧붙이면 충분히 어필할 수 있는 표현이 됩니다.

※'가져다주세요' 뒤에 please를 붙이면, '주실래요?'라고 바뀌면서 조금 더 강한 느낌을 줄 수 있다.

TIPS

'PLEASE, ~~~ THANKS'를 띄어서 천천히 또박또박 발음하면 단단히 화가 나 있음을 표현할 수 있다.

TIPS

Alright! Got it?

'Alright'은 '네 알았어요'와 같이 명확한 답변일 때 종종 사용한다. 이때 말끝을 올리면 의문문 형태가 된다. 'Got it?'은 '이해됐나요?'라는 뜻이다. 같은 의미로 'You with me?'가 있다.

get

영어 표현에서 'get'은 다양한 표현으로 쓰인다. 예를 들어 'Would you get it for me?'라고 말하면 '그거 나에게 가져다주겠니?'라는 의미로 get이 bring 대신 쓰인 것이다.
다른 예로 'I'll get it'은 '내가 찾아볼게.' 혹은 '내가 할게.'라는 의미이다.
영어 표현에서는 한 단어를 한 가지 표현, 의미로만 생각하기보다는 다양한 상황 속에서 어떻게 다양한 의미로 쓰이는지 알고 있어야 한다.

Q

술 마실 때 '건배' 또는 '~위하여'를 외치는데 'cheers' 외에 다른 표현은 없나요?

A

주로 cheers를 가장 많이 사용하며 salute라는 표현을 하기도 합니다. 또는 음식과 같이 마실 때는 Bon a petit(Bon Appetit – 본 애피티)라고도 합니다.

John: Hey guys, I am so glad to see you back. Let's have some drink tonight.
야 다들 다시 봐서 진짜 좋다. 오늘 좀 마셔 보자.

Cheers(Salute).
건배.

Guys: Yeah! Cheers(Salute).
이야(야호), 건배.

Q

초대받았을 때 매우 맛있어서 많이 달라고 했는데 먹을 수 있는 양보다 많이 나와서 남길 상황이 되었을 때 뭐라고 해야 할까요?

A

A: Wow! This is so great. Can I have more this?
와우! 진짜 맛있다. 좀 더 먹어도 돼요?

B: Sure, plenty, here you have.
물론이죠. 충분히 있어요. 여기 있습니다.

A: Oops! This might be a little too much.
이런, 조금 많네요.

But I like to try.
그래도 먹고는 싶어요.

Would it be okay if I leave some when (if) I can't eat all?
혹 음식을 다 못 먹고 남겨도 괜찮을까요?

=Can I leave some food if I can't eat all?
음식 남겨도 괜찮나요?

B: Don't worry, just eat what you want and take your time.
걱정하지 말고 원하는 만큼 천천히 드셔도 돼요.

A: Alright, thanks much.
네. 감사해요.

Q 평상시 대화 중 상대방의 의견에 동의할 때 하는 표현을 알려 주세요.

A 가장 편하게 자주 쓰이는 표현은 다음 두 가지가 있습니다.

- That's right.

  = That's correct.

  맞아 맞아!

- I agree.

  = I think so.

  그렇게 생각해.

술자리나 편한 친구들 자리에서는 'hell yeah, that's right(완전 대박, 맞아 맞아)' 등과 같은 표현을 사용할 수 있습니다.

Anna: Hey, John, how was the hotel you stayed.
존, 머물렀던 호텔 어땠어?

John: Oh, man, it was great. Didn't you stay there too?
너도 머무른 적 있지 않니?

Anna: Oh, I have. It was very nice, their service, food, swimming pool, pretty much everything was nice.
그래 머물렀었지. 서비스, 음식, 수영장, 다 괜찮더라.

John: That's right. I agree.
= I can't agree more.
그래 맞아. 동의해.

'I can't agree more.'는 직역하면 '더 이상 동의할 수 없다.'는 의미며 전적으로 동의하고 있기 때문에 이 이상 동의할 수 없다는 뜻을 담고 있습니다.
그 외 상대방의 의견에 동의할 때 사용하는 비슷한 표현으로 'Yep or True', 'Amen', 'Ditto', 'Okay', 'Okie' 등이 있으며 상황에 따라 다양하게 표현해 보도록 합니다.

Q

음식의 냄새는 좋은데 외관이나 상태가 너무 안 좋아서 '이건 정말 못 먹을 음식이야.'라는 상황에서 쓰이는 음식 맛 표현이 궁금합니다.

A

- Smells fine but looks so bizarre(horrible).
  냄새는 좋은데 생김새가 이상해.

Anna: Hey, John, come take a look at this.
존, 여기 와서 이것 좀 봐봐.

John: Oh gosh(god)!
=Oh my god!
=Hell no!
이런! (친한 친구이면 가능)

This (food) smells fine but looks so bizarre (horrible).
냄새는 좋은데 보기가 영 별로인데.

Anna: I don't think I want this. (I don't think I can take this.)
난 안 먹을래.

John: I thought you like something new and authentic.
너 새롭고 전통요리 같은 거 좋아하잖아.

Anna: Hell no, not this one.
아냐, 이건 아닌데.

John: Me neither.
=Hell yeah.
나도 아닌 거 같아.

※ 'hell yeah'는 긍정적으로 말하고 싶을 때 사용하는 표현이며, 부정적으로 표현할 땐 'Hell no' 라고 말한다.

가급적이면 친구들과 있는 편안한 자리에서 사용하도록 합니다.

Q

청국장 등에서 나는 구린 냄새나 발꼬랑내 같은 냄새를 표현하는 것을 알고 싶어요.

A

- It stinks.

  = it smells stinky.

  냄새가 고약하네.

  = It smells like cutting cheese(or toenails).

  치즈 자른 냄새(발꼬랑내)가 나.

A: Wow! What the hell (fuck) is this?

와! 이거 대체 뭐야?

It smells stinky. It smells like cutting cheese(or toenails).

완전 썩은 냄새인데. 치즈 자른 냄새(또는 발꼬랑내) 나는 것 같아.

B: What's wrong with it?

무슨 일인데?

A: It stinks like my socks marinated over a million year.

내 양말 백만 년은 재워 둔 냄새야.

B: That's gross and disgusting, dude.

야 그거 너무 역겹다.

dude 친구를 의미함

Q 레스토랑 문 닫을 때가 되었는데 손님이 남아 있을 때 정중하게 표현하는 법을 알고싶어요.

A

Staff: Sir/Ma'am, we are very sorry (because) we are closing at 12 o'clock.

You have 10 minutes.

매우 죄송합니다만 12시가 영업 종료시간입니다. 10분 후 닫을 거예요.

We appreciate your cooperation.

협조해 주셔서 감사합니다.

Guest: Oops, sorry. I didn't know we are that late.

오 죄송해요. 우리가 그렇게 늦은 줄 몰랐네요.

Sure, we are about to (leave).

네, 막 일어서려고 했어요.

Staff: Thanks for understanding.

이해해 주셔서 감사합니다.

Come by again.

또 오세요.

TIPS

한국학생들이 대학생이라고 이야기를 할 때 'I am a university student'라는 표현을 쓰는데 물론 틀린 표현은 아니지만 이는 '나는 4년제 대학교 학생'이라는 의미이다. 그러므로 대학생이라고 이야기할 때는 'college student'라고 이야기하는 것이 더욱 깔끔하다.
우리나라에서는 4년제를 university로, college는 2년제나 전문대로 구분해서 쓰는데 일반적으로 이렇게 쓰지는 않으며 그냥 대학생이란 의미로 'I am a college student.'라고 말하면 된다.

Q

'견과류가 오독오독하게 씹히는 맛이 있고 고소하다.'는 표현이 궁금합니다.

A

- It is very (so) crispy(nutty) and crunchy.

crispy는 조금은 마른 것, 마른 과일이나 건어물, 도넛류를 먹을 때 맛을 표현한 것으로, crunch는 고소함을 의미합니다.
견과류라는 말로 crispy 대신 nutty를 사용하기도 하는데 이는 견과류의 고소함과 바삭바삭하고 오도독오도독한 느낌을 의미합니다. 물론 이 두 표현을 같이 쓸 수도 있고, nutty, crispy, crunch와 같이 세 가지 표현을 같이 쓰면 더욱 의미를 잘 전달할 수 있습니다. 한 가지 표현보다는 두세 가지의 유사한 표현들을 같이 사용하면 의미전달을 더욱 효율적으로 할 수 있습니다.

John: Hey, Sue, this tastes great. Where did you get them?
수. 이거 맛있네. 어디서 난 거야?

Sue: Did you like them?
괜찮니?

My mom got them overseas.
엄마가 외국에서 갖고 온 거야.

John: They are very nutty and crunch.
바삭바삭하고 고소하네.

Sue: You are right. My mom said that too. They are very crispy as well.
맞아. 엄마도 그렇다고 하더라. 매우 바삭해.

John: Do you have more?
더 있니?

Sue: No, that's all I have.
아니, 이게 전부인데.

John: I've gotta find more for my mom too. She will love them
찾아서 엄마 갖다 드려야겠다. 엄마가 좋아하실 것 같아.

Q

술자리에서 분위기를 좋게 하는 말들이 어떤 게 있는지 알려 주세요. '즐겁게 마시자.'나 '내일 할 거 잊고 마시자.'라는 의미의 말들이 궁금해요.

A

John: You know what Guys? Let's have some drinks.
야, 애들아. 술 마시자.

Don't worry about tomorrow.
내일 생각하지 말고.

I want to (wanna) enjoy tonight.
오늘 진탕 마시고 싶다.

Guys: Hey, John, you okay today?
존, 너 오늘 괜찮니?

John: Yes, everything will be all fine. I want to enjoy tonight, not tomorrow.
응, 모든 것이 괜찮아지겠지. 내일은 신경 쓰고 싶지 않아.

Guys: Okay, then, Let's go.
그래? 그럼, 달려 보자.

Q

레스토랑에 가서 음식이 정말 맛있어서 요리사에게 좋은 말을 전해주고 싶을 때 어떤 말들을 할 수 있는지 궁금합니다!

A

- Wow~ THIS is amazing. Chef! You have MADE(MAKE) my day.
  와우~ 진짜 맛있네요. 오늘 하루를 최고로 만들어 주셨네요.

이때 천천히 말하면서 'this'를 약간 강하게 말하면 음식을 강조하는 좋은 표현이 됩니다. 'amazing' 대신 'fantastic', 'great', 'awesome' 등을 쓸 수 있습니다. 이 중에서도 특히 'awesome'은 캐나다에서 많이 쓰이는 표현입니다.
'Chef! You have MADE my day.'는 나의 오늘이 만들어졌다.'라는 의미인데, 즉, '이 음식 덕분에 오늘 하루가 최고다.'라고 요리사에게 극찬하는 표현입니다. 이 표현을 짧게 'You make my day.'라고 표현해도 됩니다. 앞의 this is amazing과 순서를 바꾸어서 표현해도 됩니다.
간단한 표현으로는 'Good food!', 'Delicious food!', 'Excellent!'가 있습니다.

Q

홍어 같은 거 먹을 때 '어! 정말 코끝이 찡하고 뻥 뚫리는 맛이야!'를 어떻게 표현하는지 궁금합니다!!

A

smelly/stinks

- It is very **smelly(stinks)** but clears your nose.
  냄새는 독한데 코를 뻥 뚫리게 해 주네.

kicking

톡 쏘는 맛을 표현할 때 사용할 수 있는 말이며 특히 콜라나 사이다같이 탄산 음료의 톡 쏘는 맛을 표현할 때 많이 쓰이는 표현입니다.

- It tastes like **kicking** and cleaning your nose(nasal passages)
  콧속을 뭔가가 때리면서 확 뚫리게 해 주는 그런 맛이야.

먼저 삭힌 홍어를 표현할 때는 'spoiled fermented skate'라고 합니다. 'spoiled'는 사전적으로 '잘못된', '미친'이라는 의미가 있는데 여기서는 '삭인'이라는 의미로 사용할 수 있습니다. fermented는 '숙성된' 이라는 뜻입니다.

TIPS

콜라를 표현할 때, coke를 많이 쓰는데 이것은 콜라에서 코카콜라를 지칭하는 말이며, Pepsi는 펩시를 지칭하는 말이므로 그냥 콜라를 지칭할 때에는 cola라고 표현을 하는 것이 맞다.

Q

레스토랑에서 은근슬쩍 서비스를 받고 싶을 때 사용할 수 있는 표현에는 어떤 것이 있나요??

A

Guest: Sir/Ma'am, do you have food that we can try first **for free**? Because we don't know anything here.
아는 게 없어서 그러는데, 시식을 먼저 해 볼 수 있는 게 있나요?

Staff: Well, there is no free lunch.
글쎄요, 공짜로는 없네요.

일반적으로 'lunch'를 점심이라는 표현으로 사용하지만 여기서는 관용적으로 사용하며, 여기서 'for free'라는 표현이 있는데 이는 '공짜(무료)로'라는 의미입니다.

Staff: But, let me go and ask a manager about it.
매니저에게 물어볼게요.

Guest: Yes, please do. Thanks much.
네, 그렇게 해 주세요. 감사합니다.

Staff: Well, we are very sorry. There is no free lunch.
죄송하지만 공짜가 없다네요.

Guest: Okay, that's fine. Let's try this food.
네. 괜찮아요. 이 음식으로 해 볼게요.

Q '매우 퍽퍽해 보인다. 저거 먹으면 목이 막힐 거 같다.'라는 표현을 알고 싶어요.

A

- This food is too **meaty** and **overpowering**; I might get **suffocated** (choked).
  음식이 너무 고기만 가득한 듯 (퍽퍽)해. 목 막힐 것 같다.

overpowering

한 마디로 퍽퍽하다는 표현을 할 때 사용합니다. 'overpower'라고 하는 것은 '어떤 무엇인가가 더 있다'라는 의미인데 여기서는 목에 과다하게 있는 것, 즉, 퍽퍽함을 표현하는 데 사용할 수 있습니다.

suffocated

'목이 졸리는 듯한 상태', '질식하는 듯한 상태'를 표현하는 것입니다.

meaty

meaty라는 표현은 고기를 뜻하는 meat에 y를 붙여서 '고기가 많은'이라는 meaty가 됩니다. 유사한 표현으로는 'chocked'가 있습니다.

hiccups, belching

hiccups는 딸꾹질을 의미하고 belching은 트림을 뜻하는 단어입니다.

Q

음식이 역겹다, 혐오스럽다는 말을 'it's disgusting'이란 표현 말고 다른 표현으로 알고 싶어요.

A

disgusting과 유사한 표현

awful, bad, nasty, foul, gross, horrible, lousy, obnoxious, odious, terrible, vile 등 매우 다양한 표현들이 있습니다.

horrible은 무서운 것을 가리키는 말이고 terrible은 '끔찍한'이라는 뜻으로 사용할 수 있습니다. foul은 우리가 흔히 아는 스포츠에서 쓰이는 용어인데 음식에서도 혐오스러운 것을 표현할 때 쓸 수 있는 단어입니다. 쓴맛을 표현하는 단어로는 vile을 사용할 수 있습니다.

Q

케이크를 샀을 때 아직 다 해동이 되지 않은 것 같았어요. 그럴 때 아직 조금 얼어 있는 것 같은데 바꿔 달라고 정중하게 말할 땐 어떻게 해야 되나요??

A

- Yesterday, I tried a cake but it was still frozen. I didn't like it at all. So I asked her to replace it.
  어제 케이크 먹으려 했는데 아직 얼어있었어. 완전 안 좋아서 바꿔달라고 했어.

Guest: Sir/Ma'am, I think this is still frozen. Will you please replace it for me? Thanks.
이것 아직 얼어 있는 것 같아요. 다른 것으로 바꿔 주실래요?

Staff: Oh, sorry about that. We can replace it. That's fine.
오, 죄송합니다. 바꾸셔도 되요.

※ 뒤에 thanks를 사용하면 상대방이 그렇게 하도록 하는 표현이 된다.

※ 'for me'는 이런 상황에 많이 쓰이는데 특별한 뜻 없이 관용적으로 쓰이며, 이런 표현들을 사용하면 더 영어 같은 표현이 된다.

Q

몇 분이신가요? 예약은 하셨나요? 자리는 괜찮으신가요?

A

짧게 How many?로 물을 수도 있습니다.

- How many are you today?
  오늘 몇 분이세요?

예약했는지 묻는 질문은 간단하게 'Book your table?', 'Made a reservation today?'라고 할 수 있습니다. book은 우리가 흔히 아는 책을 의미하는 단어인데, 이 외에도 '예약하다'라는 뜻도 가지고 있습니다.

- Did you make a reservation?
  예약하셨어요?

'How is this table?'은 '이 테이블 어떠세요?'라고 묻는 표현인데 자리를 말하고 싶을 때는 table 대신 sit을 쓰면 됩니다. 'Where would you like to sit?'이라고 표현할 수 있습니다.

Staff: How is this table?
이 자리 괜찮으신가요?
Where would you like to sit (have your table)?
어디에 앉고 싶으세요?

Q

레스토랑에 가서 음식을 먹을 때 뭔가를 빼달라고 하거나 더 첨가해달라고 할 때는 어떤 표현을 써야 하나요?

A

간단하게 표현할 수 있습니다. 빼고 싶은 것 앞에 'no'를 사용하면 됩니다.

- I like a burger, no cheese please.
  버거 주시고 치즈는 말고요(빼 주세요).

Staff: Welcome to McDonald. How can we help you?
어서오세요. 맥도날드입니다. 무엇을 도와드릴까요?

Guest: Okay, let me have number 3, please. Oh! **No onions** please.
3번으로 주세요. 양파는 빼고요.

Staff: Okay, let me double check. You order no 3 without onions, correct?
다시 확인할게요. 3번에서 양파 없이, 맞나요?

Guest: That's correct.
맞아요.

Staff: Drink, sir/ma'am?
음료는요?

Guest: Sprite please.
스프라이트로 주세요.

TIPS

double

자장면을 주문할 때, 'I like jajangmyeon, double please.'라고 말하면 자장면 곱빼기를 달라는 의미이다. 'double onion'이라고 하면 양파를 더 넣어 달라는 의미다. 'double'이라고 해서 꼭 2배로 달라는 것은 아니며 '추가해 주세요.'라는 의미로 사용할 수 있다.

Q

생크림을 올린 핫초코를 마실 때 핫초코와 생크림이 분리되면서 입안에 생크림의 기분 나쁜 기름기가 남아 있을 때, '아, 입안에서 기름이 떠다녀.'라고 말하고 싶습니다.

A

- It tastes like oily on top.

oil, grease, fat 등의 단어로 표현할 수 있습니다. 이 단어 뒤에 y를 붙여 '기름기가 있는'이라는 의미의 oily, greasy, fatty로 사용합니다.

A: I went to a Pizza Hut last night.
어젯밤에 피자헛에 갔었거든.

Well, it never happened before.
그런 적이 없었는데,

But it tasted like oily on top, I don't wanna try it again.
기름 맛이 너무 느끼해서 다음에는 먹고 싶지 않더라.

B: Yes, definitely I agree.
나도 전적으로 동의해.

Somehow I had similar experience.
나도 비슷한 경험했어.

Their drinks are so oily on top these days.
요즘 음료가 너무 기름진 것 같아.

Q

손님이 음식에서 소스를 빼달라고 하실 때 '이 음식은 소스를 제외하면 튀긴 고기만 나옵니다. 맛이 좀 없으실 텐데 괜찮으세요?'라는 표현을 알고 싶어요.

A

- Would you be okay with that?
  그렇게 해도 괜찮으시겠어요?

위와 같이 표현하는 것이 가장 자연스러울 것입니다. 더 편하게 말하고 싶다면 'Will that be okay?'라고 쓸 수 있습니다. 여기서 더 구체적으로 말하고 싶으면 뒤에 'with you'를 붙이면 됩니다. 'Okay with you?'라고도 표현할 수 있습니다.

Guest: Okay, I like number 2, no sauce please.
2번 주시고 소스는 빼 주세요.

Staff: Sir/ma'am, if you drop the sauce, it serves fried only.
소스를 빼면 튀김만 나가요.

Would you be okay (good, fine) with that?
그래도 괜찮으시겠어요?

Guest: Oops! Then, give me the number 2 as is.
아! 그럼 2번 그대로 주세요.

쉬어가기 영어표현할 때는 의미전달을 중점으로

일반적으로 영어는 이야기를 나눌 때 두 번째 세 번째 말을 할 때에는 반복해서 이야기하지 않으며 생략할 수 있는 것들은 생략하는 것이 좋습니다. 문법적인 것 역시 중요하지만 커뮤니케이션 상황에서는 문법적으로 틀릴지라도 의미 전달하는 것에 중점을 두어야 합니다. 오히려 문법적인 면에서 스트레스를 받는 것보다는 틀리더라도 더욱 의사전달에 목적을 두고 하는 것이 좋다는 게 현업에서 느꼈던 바입니다.

Q '피자의 도우를 얇게 해 주시고 토핑을 많이 얹어 주세요.'를 어떻게 표현하나요?

A

- I like the dough thin(very thin) and a lot of toppings.
  = Can I have thin dough with a lot of toppings?
  = I like my pizza thin and a lot of toppings(or many toppings).
  얇은(매우 얇은) 도우로 해 주시고 토핑을 많이 얹어 주세요.

여기에서 도우가 두꺼운 것을 원할 때는 'thin' 대신 'thick'이라고 말하면 됩니다.

- thin 얇은
- thick 두꺼운

Staff: Are you ready to order, sir/ma'am?
주문하실래요?

Guest: Sure, I like bulgogi pizza Please. Have my dough thin and a lot of toppings.
네. 불고기 피자로 주세요. 얇은 도우로 해 주시고 토핑은 많이요.

Staff: Extra toppings?
토핑 추가할까요?

Guest: Please do so.
네. 그렇게 해 주세요.

Staff: What do you like?
무엇을 추가할까요?

Guest: More meat and banana peppers.
고기하고 바나나고추 추가해 주세요.

Staff: Okay, banana peppers are free, but more meat cost you 2 more dollars.
바나나고추는 공짜지만, 고기는 2달러 추가예요.

Guest: Oh! sorry, just give me the original one please.
오! 죄송해요. 원래대로 주세요.

Q 음식이나 빵이 약간 말랑말랑한 느낌을 표현하는 단어가 있나요?

A

'y'의 사용

일반적으로 영어에서 많은 명사들에 y를 붙이면 형용사가 됩니다. 그러므로 우리가 이야기할 때 정확한 그 단어만의 상태, 맛, 형태를 표현할 수 있습니다.

puffy, mealy

한국어의 '말랑말랑' 같은 표현들을 영어로 표현할 수 있을까 하는 의문이 들 겁니다. 하지만 영어로도 충분히 이런 표현을 할 수 있습니다.

- Umm, this bread is so **puffy** and **mealy** texture.
  음, 빵이 말랑말랑하네요.

puffy는 빵을 찢었을 때 안쪽 질감이 퍼져 있는 것처럼 보송보송한 느낌을 뜻하고, mealy는 meal에 y가 붙은 것으로 밀가루 느낌이 난다는 뜻입니다.

fluffy

또 다른 '보송보송하다'는 표현으로 'fluffy'가 있으며, 빵이 매우 보송보송한 느낌이 들 때 사용할 수 있습니다. 이 표현은 보통 강아지의 털이 보송보송함을 이야기할 때 많이 사용하는데, 음식에도 사용할 수 있는 표현입니다.

- This bread looks very **fluffy**.
  빵이 보송보송 하네요.

floury

floury는 밀가루를 뜻하는 flour의 뒤에 -y를 붙인 것이고, 이렇게 'y'를 붙이면 greasy와 fatty와 같이 명사가 형용사처럼 바뀝니다. 마찬가지로 water에도 y를 붙이면 '물기가 있다'는 뜻으로 바뀌게 됩니다.

lemon에도 y를 붙인 lemoney는 '레몬 맛이 나는', '레몬 맛이 강한'으로 표현할 수 있으며 lime은 limy로 되어 '라임의 풍미가 있는'이라는 의미로 쓸 수 있습니다.

Q

국이나 찌개를 만들 때 '된장을 풀다.'와 같은 표현은 영어로 어떻게 말할 수 있나요?

A

- Stir the soybean paste.
  된장을 풀다.
- Stir the soybean paste well till it is mixed.
  잘 섞일 때까지 된장을 젓다.
- Stir until well mixed.
  잘 섞일 때까지 젓다.
- Once you have the soybean paste in a bowl (or water, etc), give it a good stir.
  된장을 그릇(또는 물 등)에 넣고 잘 저어 주세요.

'풀다'에는 여러 가지 의미가 있습니다. blow는 '풀다'라는 의미를 가지고 있는데, 보통 'blow your nose(코를 풀다)'와 같이 '코를 풀 때' 사용하는 단어입니다. 이 때의 '풀다'는 '된장을 풀다'의 '풀다'와는 의미상 차이가 있습니다.
된장을 풀 때는 국물에 녹아들도록 잘 저어야 하므로 'stir'를 사용할 수 있습니다.

TIPS

paste의 사용

'soybean paste'는 된장을 뜻하며 'pepper paste'는 고추장을 뜻합니다. 즉, 'paste'라고 하는 것은 반죽과 같은 질감으로 한국의 고추장과 된장도 이 단어로 설명할 수 있습니다. 그런데 'tooth paste'라고 말하면 치약을 뜻합니다. 여기서 우리가 알아두어야 할 것은 paste로 표현할 수 있는 것들의 질감입니다. 이를 알아두면 언어표현할 때 도움이 될 것입니다.

- **paste** 풀, 반죽, 페이스트

Q

영어권나라에 여행갔을 때 식당이나 펍같은 데에서 처음 보는 외국인들하고도 대화를 하게 될 때 음식을 추천받거나 그 식당 또는 서로를 소개하는 것 같은 가볍게 주고받을 수 있는 대화들에는 어떤 것이 있는지 궁금합니다.

A

- What do you recommend here?

  = Is there something you recommend for me?
  여기에는 어떤 음식이 좋은지 추천해 주시겠어요?

간단하게 'Hi, Hello, How are you?', 'What's up' 등으로 먼저 인사말을 건네거나 날씨를 물어볼 수도 있습니다. 날씨를 이야기하면 쉽게 공감대를 형성할 수 있으므로 대화를 이어 가기 위한 좋은 주제가 됩니다.

- It is pretty cloudy today. How are you there (hi there).
  오늘 구름이 많은 날이네요. 안녕하세요?

펍에서 외국인들과 가볍게 주고 받을 수 있는 날씨와 관련된 대화

- It's windy. (오늘 바람이 부네요.)
- It's rainy. (비가 좀 내리네요.)
- It's snowy. (눈이 내리네요)
- It's chilly. (쌀쌀하네요.)
- It's pretty. (날씨 좋네요.)
- It's gorgeous. (날씨 진짜 좋네요.)
- It's cloudy. (구름 좀 꼈네요.)
- It's gloomy today. (오늘 우중충하네요.)
- It's drizzling. (비가 보슬보슬 내리네요.)

  ※ drizzling이라는 말은 올리브 오일과 식초를 섞어서 만들 때 점도가 있기 때문에 천천히 흐르는 것을 표현하는 단어인데, 날씨에 대해 'It's drizzling.'이라고 하는 것은 이슬비같이 비가 천천히 내리는 것을 가리키는 말이 되기도 한다.

- It's hot. (오늘 덥네요.)
- It's fine. (날씨가 좋네요.)

Q

음식의 맛을 표현할 때 '조화롭다'를 어떻게 표현하나요? 예를 들어 '이 와인은 단맛과 쓴맛의 조화가 훌륭하다.', '이 음식은 각각의 재료와 맛이 조화를 이루고 있다.'처럼 '조화로운 맛'과 같은 표현을 하고 싶은데 단지 combination이 좋다고 하면 되나요?

A

'well-balanced'라는 표현을 사용할 수 있습니다.

- It is well-balanced.
  조화롭네요. (잘 어울리네요.)

이와 비슷한 표현으로 다음과 같이 말할 수 있습니다.

- It is in harmony.
  조화롭네요.
- It is harmonious in nature, and not flat.
  전체적으로 잘 어울리며, 밋밋하지 않아요.

flat은 '펑크 난', '구멍이 난'이란 의미입니다. 음식을 표현할 때 '밋밋한'이란 뜻이 됩니다. 반대로 'not flat'이라고 하는 것은 '밋밋하지 않은'이란 뜻입니다.

Alex: Hi, Min Ji, you know something about wine, don't you?
안녕, 민지, 와인에 대해서 알고 있지?

Min Ji: Yes, I do. Need some help?
응, 그래. 도움이 필요하니? (도와줄까?)

Alex: Yes, please. Which wine goes well with lasagna?
라자냐와 맞는 와인이 뭐지?

Min Ji: People may love red wine but I do like white wine better.
사람들이 레드와인을 좋아하는데 나는 화이트 와인이 더 좋아.

Because lasagna or pasta is very well-balanced with white wine.
라자냐나 파스타는 화이트 와인하고 잘 맞더라고.

Alex: Okay, I trust yours.
좋아, 믿어 보지.

Q

손질된 생선을 굽는다고 말할 때 '손질하다'라는 표현을 영어로는 어떻게 써야 할지 궁금합니다.

A

'손질하다'는 다양한 단어로 표현할 수 있습니다.

- clean 깨끗하게 하다
- handle 잘 만지다
- wash 씻다

debone이라는 표현도 있는데 이는 '뼈를 발라내다'라는 뜻이며, 뼈를 발라내는 손질을 의미합니다.
이런 표현들을 염두에 두었다가 상황에 따라 적절하게 사용할 수 있습니다. 이 중에서 handle을 가장 폭 넓게 사용합니다. 또한 wash는 물이 없는 상황이라도 경우에 따라 사용할 수 있습니다.

Q

'조미료가 너무 강한 자극적인 맛이야.'라는 표현을 영어로 어떻게 쓰는지 궁금합니다.

A

- full of MSG (umami)
  조미료가 가득한

보통 조미료가 많이 들어가서 자극적인 것은 MSG가 들어간 것이므로 이렇게 표현할 수 있습니다. 또한, umami라고 표현하기도 하는데 umami 또한 조미료를 뜻하는 단어입니다.

Alex: Gianne, did you try this food?
지안, 이 음식 먹어봤니?

Gianne: Yes, I've tried it.
응, 먹어봤어.

Alex: How was it?
어땠어?
Did you like it?
좋았어?

Gianne: Oh, gosh. It is **full of MSG**(umami).
말도 마. 조미료 가득한 맛이야.

Q

'어떻게 이런 음식을 팔 수 있지?'라는 표현을 알고 싶어요.

A

- How could they sell like this food shitty(or disgusting, bizarre, gross food)?
어떻게 이런 형편없는(또는 역겨운, 이상한, 역겨운) 음식을 팔 수 있지?

간단하게 'how could'만 써도 되며, 'How could you?'라고 말하면 '어떻게 그럴 수 있니?'라는 표현이 됩니다. 이 표현은 좋은 상황과 나쁜 상황에서 모두 사용할 수 있습니다. 뒤에 'do that to'를 붙여서 표현할 수도 있습니다.

- How could he do that to you?
그가 너한테 어떻게 그럴 수 있어?

'How could they sell like this food?'을 굳이 문법에 맞춰 표현하지 않더라도 'selling food'이라고도 말할 수 있습니다.
'This shitty'는 '음식이 진짜 역겹다. 음식을 이런 식으로 만들면 안 된다.'라고 표현하고 싶을 때 사용할 수 있습니다. 'This shitty.'라고 이야기를 하는 것은 '이런 지랄'이란 뜻입니다.

- disgusting 역겨운
- bizarre 이상한
- gross 역겨운(자신한테는 맞지 않을 것 같은 정도의 의미)

Q

영어로도 '엄마가 해 주던 바로 그 맛이다.'를 표현할 수 있나요?

A

- This is like grandma food.
  할머니가 해 주시던 맛이야.

영어에서는 우리나라와 달리 엄마가 해 주는 맛이라 표현을 하는 것이 아니라 할머니가 해 주던 맛으로 표현합니다. 이때에도 보통 할머니를 grandmother로 알고 있는데 이를 짧게 grandma로도 표현할 수 있습니다.

Inna: John, did you try the restaurant over the corner?
코너에 있는 식당 가봤니?

John: Not yet, why? You recommend it?
아직, 왜? 추천할 만 해?

Inna: Yes, definitely. It is very delicious and nice.
당연하지. 맛있고 괜찮아.

John: Anything different?
특별히 다른 게 있니?

Inna: Yes, Oh gosh! **This is like grandma food.** It is amazing (delicious).
와우! 할머니가 해 주시는 맛이야. 진짜 맛있어.

This is the food that I have been waiting(looking for).
이런 음식 진짜 먹고 싶었거든.

Q

'물 탄 맛이다.'처럼 밍밍하고 양념이 물 하고 섞인 느낌을 표현하는 말을 알려 주세요.

A

- Like mixed seasoning into water.
  양념을 물에 탄 것 같다.

'disharmonious'라는 표현도 있는데 이는 조화롭지 않은 상태를 의미합니다. 'awkward'는 무엇인가가 어색하거나 삐딱한, 무엇인가가 잘 안 맞을 때 사용할 수 있는 어휘로, '마치 물에 섞어서 무엇인가 안 맞는 거 같다.'라는 뜻으로 사용됩니다.

Sean: Hey, Josh, did you try the food?
조시, 그 음식 먹어 봤니?

John: Which one?
어느 거?

Sean: The one that at the restaurant we went the other day.
며칠 전에 갔던 식당에 있던 거.

John: Aha~. It was so bland and very **disharmonious**, like **mixed seasoning into water.**
아~ 밍밍하고 맛이 없는데 물에 탄 것 같아.

That is not right at all.
그건 정말 아닌 것 같아.

Sean: Right, agreed.
맞아 동의해.

Something **awkward** like mixed in water.
물에 탄 것 같이 이상하더라고.

Q

할인되는 카드가 어떤 것이 있는지 묻는 표현을 알고 싶어요.

A

- What kind of discount card is available here?

  = Do you have any discount card available here?

  어떤 카드가 할인되나요?

Staff: Ready to check out?
계산하실 건가요?

Guest: Yes, please.
네, 그렇게 해 주세요.

Do you have any discount card available here?
여기 할인되는 카드가 있나요?

Staff: Sure, let's see.
물론이죠. 잠시 볼게요.

We have Visa and Master 10% discount, sir/ma'am.
비자와 마스터카드는 10% 할인돼요.

Guest: Is that it?
그것만 돼요?

Staff: Yes, we are afraid so.
네, 그것만 되네요.

Q 이 카드는 할인이 얼마나 되나요?

A

Guest: Sir/Ma'am, I have AMEX.
아멕스(아메리칸 익스프레스) 카드 있는데요.

How much do I have (get) discount of using this card?
이 카드로 얼마나 할인돼요?

How good is my card?
이 카드 어떤가요?

Do I get any discount?
할인되나요?

Staff: Okay, let's see. You will have 5% discount on AMEX, sir/ma'am.
잠시만요. 아멕스는 5% 할인되네요.

Guest: Any other card more than 5% discount?
5%보다 더 되는 카드는 없나요?

Staff: Sure, do you have a promo coupon and you might get additional 10% discount.
쿠폰이 있으면 10% 더 할인 돼요.

Q

레스토랑에 갔는데 음식을 먹는 도중에 맛있거나 다른 사람에게 주려고 '하나 더 포장되나요?'라고 물어보는 표현이 궁금합니다.

A

Guest: Wow! This is very delicious. Can I have one more for To-Go Box?
우와! 진짜 맛있네요. 이 메뉴 하나 더 포장해 주실래요?

Staff: Okay, did you like it?
네, 맛있나요?

Guest: Oh, yeah! Very like it. I like my son to try it too. He will love it.
네. 정말로요. 내 아들도 먹어 봤으면 해서요. 좋아할 거예요.

Staff: Sure, not a problem.
=Sure, pleased to do that, sir/ma'am.
물론이죠, 감사하네요.

- to-go box 포장

Q

'계산 먼저 도와드릴게요.', '계산 먼저 도와 주세요.'라는 표현을 알려 주세요.

A

종업원이 물어볼 때

Staff: I can check you out first.
=can I check you out first?
먼저 계산해 드릴까요?

Guest: Oh, thanks.
네. 고맙습니다.

손님이 요청할 때

Guest: Can you please (help) check (us) out?
계산해 주시겠어요?

Staff: Sure, we will.
네, 그렇게 하겠습니다.

Q

뷔페에서 일을 하는데 손님이 다 떨어진 음식을 보며 '음식이 없어요.'라고 할 때 대답을 어떻게 해야 하나요?

A

Guest: Excuse us, do you have more food here?
여기 음식 더 있나요?

※ 일반적으로 excuse me를 사용하는데 여러 명이 있으면 'excuse us'로 사용한다.

Staff: Oops! Sorry. We are out of that food.
죄송해요. 음식이 다 떨어졌어요.

They are cooking in the kitchen now.
지금 만들고 있어요.

Will you please wait for a second (just a few minutes, sir/ma'am)
잠시 기다려 주실래요?

We are very sorry. We will fill it up soon.
죄송해요. 곧 채워드릴게요.

- oops 이런, 어쩌지

TIPS

- I'm out

'나는 체력적으로 힘이 떨어졌다'라는 것을 짧게 표현할 수 있는 방법이다.

Q

땡감같이 떫은 것을 먹었을 때 '혀에 뭐가 붙은 거 같이 껄끄럽고 불쾌한 느낌이야.'를 영어로 어떻게 표현하나요?

A

A: Did you guys try the unripe fruit like the astringent persimmons yesterday?
얘들아. 어제 안 익은 떫은 감 먹어 봤니?

B: Which one are you talking about?
어느 것 얘기하는 거야?

A: The one that Gianne recommended.
지안이 추천했던 것.

B: Oh, now I remember.
오. 이제 기억난다.

Oh gosh! It was like very hard with little taste!
딱딱하고 맛은 없었어.

And the other one that I don't remember the name was the same.
그거하고 비슷한 거 또 있었어.

I felt like it had a rubber coating and a slightly bitter taste.
고무 씹는 맛이면서 약간 쓴맛이 있었어.

Persimmons give an odd feeling(taste) in my mouth.
감은 떫은 느낌을 주지.

- astringent persimmons 땡감
- bitter taste 쓴맛
- odd 이상한, 떫은

Q

뷔페식 레스토랑 등에서 '(저기요) 다 먹은 접시 좀 치워주시겠어요?'라고 손님이 묻는 표현이나 '다 드신 접시 치워드릴까요?'라고 종업원이 묻는 표현을 알려 주세요.

A

종업원이 물어볼 때

Staff: Sir/Ma'am. Can I take your dishes (when/if you finished)?
치워도 될까요?

Guest: Sure, please.
네. 그래 주세요.

손님이 요청할 때

Guest: Sir/Ma'am. Can you please take our dishes?
치워 주실래요?

Staff: Sure, will do soon.
네, 곧 치워드릴게요.

※ will do는 'We will do (take your dishes).'의 줄임표현이며, 더 줄여서 'Sure, we will.'이라고 사용할 수 있다.

Q

물이나 우유가 '미지근하다'를 찾아보면 lukewarm, tepid 라는 단어가 나오던데, 좀 더 쉬운 표현이 있나요?

A

lukewarm water

미지근하다는 표현으로 'lukewarm water'를 사용합니다. lukewarm water는 따뜻한(warm) 것보다는 약간 미지근한 것을 의미합니다. 비슷한 표현으로 'tepid'라는 단어도 있습니다. 쉬운 표현으로 'Can I have warm water.'라고 말해도 무방합니다.

Guest: Sir/Ma'am, do you have water to drink here?
여기 마실 물 있나요?

Staff: Anything okey?
아무거나 괜찮나요?

Guest: What do you have?
무엇이 있는데요?

Staff: Lukewarm water okey?
미지근한 물 괜찮나요?

Guest: Oh! yes, that will be fine.
오! 네, 괜찮습니다.

Q

음식을 2명이 1인분 시킬 때 '반으로 나눠 주세요.' 하는 표현을 알려 주세요.

A

Guest: Sir/Ma'am. Can you get this to half please?
Can you slice (cut) this to **half**(two pieces) for us please?
Can you get this to half please?
이것 반으로(두 조각) 나눠 주실 수 있으세요?

Staff: Sure, we will do that for you.
그렇게 하지요.

※ half에서 들리기는 haf로 들려서 l은 발음이 되지 않는다.

- divide/cut '반으로 나누다'라는 의미가 있음.

Q

'야들야들하다'와 '쫄깃하다'는 조금 다른 의미인 것 같은데요. 어떻게 다른가요?

A

야들야들하다

• wiggly and jelly

느낌이 살짝 좋지 않은 꾸물꾸물거리는 맛을 표현할 때 사용하며, 반대로 메뉴가 좋았으면 '야들야들하던데'라는 의미가 됩니다. wiggly는 어린아이들이 엉덩이를 실룩실룩 하는 의미 또는 외국인들이 꿈틀거리는 산낙지를 먹을 때 자주 사용하는 표현입니다.

• jelly, spongy

어떤 상황에서 사용하느냐에 따라 의미가 다를 수 있지만 '야들야들'의 의미에 가장 가까운 표현입니다.

Marla: Hey, John, did you try the thing in the restaurant?
존, 식당에서 그거 먹어봤니?

John: What are you talking about?
뭔데?

Marla: The thing that is jelly and spongy.
그거 야들야들하고 스폰지 같은 거.

John: You mean the spicy jelly fish dish?
매운 해파리 메뉴?

Marla: Oh, was it real jelly fish?
진짜 해파리였어?

John: Sure, I believe so.
그럴걸.

Marla: Oh my, I had jelly fish.
오 이런, 나 해파리 먹었어.

John: Oh, come on. They are edible.
먹을 수 있는 거야.

Marla: They were wiggly and jelly.
꾸물꾸물 하던데.

쫄깃하다

• sticky, gooey, gummy, chewy

'sticky'를 '쫄깃한', '끈적한'이라는 의미로 사용할 수 있습니다. gummy는 씹는 껌을 이야기할 때 사용하는 표현으로 '쫄깃한', '질겅질겅 씹는'이라는 의미를 갖고 있습니다.

Q '깔깔한 맛'은 어떻게 표현할까요?

A

sandy and sweet

키위와 복숭아 등 표면이 까끌까끌한 과일의 '맛있는 깔깔한 맛'을 표현할 때 사용합니다. 또한 껍질째 먹는 무화과의 맛을 표현할 때도 과일의 단맛과 더불어 'sandy'를 추가하면 좀더 풍부한 표현이 됩니다. 또는 아이스크림처럼 얼음 결정체가 있는 것을 씹을 때 서리나 모래와 같은 느낌을 표현할 때도 사용합니다. 맛없는 깔깔한 맛은 'too sandy'라고 표현할 수 있습니다.

Sue: Hey, honey, did you try the kiwi Hannah sent yesterday?
해나가 어제 보내 준 키위 먹었어?

John: No, I haven't yet. Did you?
아직 안 먹었어. 너는 먹었어?

Sue: Yes, I tried it but tastes like sweet and sandy.
먹어 봤는데 맛은 있는데 깔깔하다고 할까.

Q

튀김이 바삭바삭하다' vs. '눅눅하다'

A

바삭바삭하다

- crunchy, crispy, nutty

바삭바삭한 것을 표현할 때 'crunchy', 'crispy' 등을 사용할 수 있습니다. crispy는 튀김의 겉이 바삭바삭하다는 의미로 자주 사용됩니다. 'nutty'는 견과류에서 바삭바삭한 맛을 표현할 때 사용하는 것에 가깝지만 튀김이 바삭하다는 의미로도 사용할 수 있습니다. 좀더 구체적으로 표현하려면 'oil fried crispy(crunchy).'라고 말할 수 있습니다.

Mathew: Hey guys, these French fries are very crunchy(crispy, nutty).
얘들아, 이 프렌치프라이 매우 바삭바삭하다.

Shawn: You are right. They must use oil something special.
맞아. 특별한 기름을 쓰나 봐.

눅눅하다

- soggy, spongy, mushy, moist

'soggy'는 물을 머금은, 'spongy'는 한 입 베어 물었을 때 느낌이 딱딱하지 않고 눅눅한 느낌과 비슷하다고 생각하면 됩니다. 'mushy'도 비슷한 표현이며 'moist'는 좋은 의미로는 '살짝 물기가 있는', 부정적으로 표현했을 때는 '눅눅하다'라고 표현할 때 사용합니다.

Sunny: Hey, Drew, did you have these fries?
드류, 이 튀김 먹어봤어?

Drew: Yeah, What's up?
응, 왜?

Sunny: Did you like them?
괜찮았어?

Drew: Nothing special.
특별하지는 않던데.

Sunny: I think they are soggy(or spongy, mushy, moist).
눅눅한 것 같아.

Q 감자튀김처럼 튀김이 오래돼서 눅눅할 때는 뭐라고 하나요?

A '바삭하다'는 표현으로 crunchy, crispy, nutty를 사용할 수 있는데, 그 반대표현으로는 they are soggy, moist, mushy, spongy 등을 사용할 수 있습니다. spongy는 푸석푸석한 느낌이 날 때 사용합니다.

John: Oh! Look! They are (way too) soggy and spongy.
아~! 너무 눅눅한데.

Q 고추냉이를 먹고 코가 알싸할 때 이것을 어떤 식으로 표현할 수 있을까요?

A

- It is similar to **American horseradish** and very hot.
  이것은 American horseradish(서양 고추냉이)와 비슷하고 매우 맵습니다.

여기서 American horseradish는 미국의 양념 소스를 말하는데 알싸한 맛이 나며 mustard와 비슷한 식재료입니다.

- It may cause a **burning sensation** in your mouth.
  당신의 입을 태우는 느낌이 들게 할거예요.

'burning sensation'은 '타는 느낌'이라는 의미가 있습니다. 좀더 구체적인 표현으로는 'It will cause a burning sensation through your nose.'라고 표현하며 콧속을 강하게 때리는 향에 '크~ 하는 느낌이야.'라는 표현을 할 때 사용할 수 있습니다.

- Don't try to eat too much. **cuz** it will burn your mouth.
  너무 많이 먹지 마세요. 입이 타는 것 같을 테니까요.

'cuz'는 'because'의 약자이며, 글을 쓸 때 because를 줄여서 b/c로 쓸 수 있습니다. cuz를 cus로 쓰기도 합니다.

- And your eyes will also water.
  눈물이 고일 거예요.
- It makes your nose burn.
  당신의 코에 불지르듯이 아픈 알싸한 느낌이 들 거예요.
- It will burn your nose when/if you **inhale** it.
  숨을 들이마시면 당신의 코를 통해서 팍 튕기는 느낌이 있을 거예요.

'inhale'은 숨을 들이마신다는 표현이며 반대의미로 숨을 내뱉는다는 것을 표현할 때는 'exhale'을 사용합니다.

- It helps clearing you **sinuses.**
  당신의 막힌 코를 뚫어 줄 거예요.
- It helps clearing you **sinuses**, though it burns like hell.
  그게 코가 막힌 것 도와줄 수 있지만, 그 이게 마치 지옥 같은 뚫림일 거예요.

'sinuses'는 코가 막힌 느낌을 표현할 때 사용하며, 유사한 표현은 '코가 막히다.', '가래가 낀다.'라는 의미의 'congestion'이 있습니다.

Q

'보편적인 맛', '그저 그런 맛'을 어떻게 표현하나요?

A

Friend 1: I went to a restaurant, ordered a dish and I tried that, but I'm not really into it.
내가 식당에서 먹은 음식이 진짜 맛있다는 생각은 안 드네.
One word I say, It's pretty common taste.
한 마디로 말하면, 일반적이야(특별한 맛은 없어. 보편적이야).
You can find that taste anywhere.
그 맛은 어딜 가든지 찾을 수 있어.

Friend 2: Which one did you try?
어느 것 먹어 봤어?

Friend 1: Pretty much everything in that restaurant.
그 식당의 거의 대부분 메뉴가 그래.

Q

닭고기 원산지가 어디인지 묻는 표현을 알고 싶어요.

A

- Where is this chicken coming (imported) from?
  이 닭은 어디 것인가요?
- I would like know where the menu ingredients from?
  메뉴에 있는 재료가 어디서 왔는지 궁금해요.

재료하면 두 가지 표현으로 쓸 수 있는데요. 'ingredients', 'materials'라는 단어를 사용할 수 있습니다. 재료가 국내산이라면 앞에 'domestic'을 붙여서 'domestic ingredients', 'domestic materials'라고 말하며 수입산이라면 'imported'를 사용하여 'imported ingredients', 'imported materials'라고 표현하면 됩니다. 과연 어떻게 물어봐야 할까요?

원산지가 어디에요?

원산지를 묻는다는 것은 재료가 '어디 것인지'를 묻는 것과 같은 의미입니다. 그러므로 원산지를 물어볼 때 꼭 '원산지'라는 단어를 사용하지 않아도 됩니다. 상대방이 어디에서 왔는지 물어볼 때 'Where are you from?'이라는 표현을 사용하는데, 여기서 'you' 대신에 chicken을 사용하여 '닭고기는 어디서 왔어?'라고 물어본다면 '닭고기 원산지가 어디예요?'와 같은 말이 됩니다.
'닭고기가 어디서 수입된 거예요?'라고 묻고 싶다면 'Where is this chicken coming imported from?'이라고 물어보면 됩니다.

어느 나라에서 왔어요?

구체적으로 '어느 나라에서 온 것인지'를 물어볼 때는 'What country is chicken come from?'이라고 물어볼 수 있습니다. 간단하게 'Where is chicken from?'이라고 물어봐도 됩니다.

Q

특별한 날에 '스테이크가 오늘의 행사 메뉴입니다.', '이 메뉴를 드시면 에이드 2잔을 드립니다.'라고 하는 표현을 알려 주세요.

A

Staff: We have a special event today.
오늘 특별 이벤트를 합니다.

You order this steak, you get two drink aids for free(buy steak, get two drinks free).
스테이크를 주문하시면, 에이드 2잔을 드립니다.

- an event 행사
- a special event 특별행사
- promoting 홍보하다, 알리다

We are **promoting** a steak(A steak event). (우리는 스테이크 행사를 하고 있어요.)

'이 메뉴를 드시면'이라는 표현을 할 때, 일반적으로 'if'를 생각할 수 있습니다. 'If you order'라고 말하거나 if를 사용하지 않고 'When you order'라고 표현해도 의미를 전달할 수 있습니다.

Staff: When You order this steak, you get two drink aids for free.
이것을 주문을 하시면, 에이드 두 잔을 무료로 드립니다.

간단하게 'Buy steak, get two drinks free.'라고 표현할 수 있습니다.

Staff: Buy one, get one.
하나 사면 하나를 더 드려요.

Buy two, get three.
2개 사면 3개를 드려요.

Q

'과즙이 많다.'는 표현을 어떻게 하는지 알려 주세요.

A

juicy

가장 많이 사용하는 단어는 'juicy'입니다.

- It's very juicy.
  이거 과즙이 꽤 많은데.

- It's full of juice.
  과즙으로 가득 차 있어.

watery

부정적으로 물컹물컹한 것을 표현할 때 사용할 수 있으며 좋은 의미로는 '과즙이 많다'라는 의미로 사용할 수도 있습니다.

dripping down

물이 살짝 떨어지는 것을 의미하는데 과일을 물었을 때, 물이 입 주위에 흐를 정도로 과즙이 많다는 의미를 담고 있습니다.

- Look at this. It is **dripping down**.
  이것 좀 봐. 과즙이 흘러내려.

Q

주문했는데 나중에 가지러 와도 되냐는 표현을 알고 싶어요.

A

Guest: Sir/Ma'am, can I come back and pick it up later?
나중에 와서 가져가도 될까요?

- Can I come back in one hour?
  Can I come back one hour later?
  한 시간 후에 돌아와도 될까요?

여기서 in이라는 것은 '지나서'라는 뜻인데 '1시간 후'를 말할 때 위와 같이 사용할 수 있습니다.

Guest: I will be back in 30 minutes.
제가 30분 후에 올게요.
Is it okay?
괜찮나요?

Staff: Do you want us to hold it for you then?
음식 보관하고 있을까요?

Guest: Would you please?
그래 주실래요?

Q 순대 간이나 삶은 감자, 계란 노른자처럼 퍽퍽한 식감은 어떻게 표현하나요?

A

stuffy

물기가 없어서 물이나 음료 없이는 먹기가 어려울 정도로 퍽퍽한 음식을 표현할 때 'too dry'를 사용할 수 있습니다. 또는 'too crisp'라고도 하는데, 가장 많이 사용하는 표현은 stuffy입니다.

- It is too stuffy.
  너무 텁텁해.

'It is too stuffy.'라고 하면 퍽퍽한 느낌, 막히는 느낌을 표현하는 말인데, 다른 예로 코가 막힌 것을 표현할 때 'My nose is stuffed(내 코가 막혔어).'라고 말합니다.

John: Oh, Gosh! It is suffocating.
아, 목이 막힌다.

- suffocating 목이 막히는 것, 텁텁한 질감

dry, spongy meaty

푸석하고 퍽퍽한 느낌은 어떻게 보면 건조한 맛이라 할 수 있으므로 'dry'라는 단어를 사용할 수도 있습니다.

A: It tastes (is) like dry, spongy and very dried.
살짝 건조한, 푸석푸석한 맛이에요.

- meaty 고기 맛이 너무 강하게 느껴지는(고기가 많은)
- blood sausage 순대

Q

이 메뉴는 간장에 조린 닭입니다.

A

'조리다'는 표현이 있는데요. 'marinate A'라고 하면 A를 어디에 양념하다, 조리다라는 의미가 됩니다.

- **marinated** 양념장에 재어 두다

Staff: Hello, welcome.
어서오세요.
How may we help you, sir/ma'am?
어떻게 도와드릴까요?

Guest: Hi, let me order number 2 please.
2번 주세요.
By the way, is the chicken marinated?
그런데, 치킨은 양념에 재어 두나요?

Staff: Yes, we marinated pretty much every menu.
거의 모든 메뉴는 조려서 요리합니다.

Guest: What are you marinated in?
무엇에 조리나요?

Staff: It is marinated in soy sauce.
간장에 조립니다.

Q 술자리가 길어지는데 통금 시간 때문에 먼저 집에 가야 할 때,
'미안해, 먼저 갈게, 여기서 제일 아쉬운 사람은 나야'라는 표현을 알려 주세요.

A

Friend 1: So sorry, guys.
진짜 미안해 애들아.

I should leave.
=I should go.
=I should get going now.
나 가야 할 것 같아.

We have a family policy, guys.
우리 가족 규칙이야.

Sorry again for the inconvenience.
불편하게 해서 미안해.

Sorry again for the absence.
빠져서 미안해.

Friend 2: Oh! Come on. We have a family policy, too. Just tonight.
우리집도 그래. 오늘만이잖아!

Friend 1: So sorry, dude.
친구야 진짜 미안해.

I am dying to stay.
진짜 머물고 싶은데.

But I cannot give up the policy.
규칙 어기면 안 돼.

My dad will be very upset.
아빠가 화내실 거야.

Friend 2: Alrighty. Talk to you later dude.
그래. 다음에 얘기하자.

Q

음식을 표현을 할 때 '달콤 새콤하다'를 어떻게 표현하나요?

A

- sweet and sour

탕수육 소스처럼 달콤하면서 새콤한 맛이 있는 음식을 가리킬 때 'sweet and sour'라고 말할 수 있습니다.
또는 과일에 대해 설명할 때 refreshing을 덧붙여서 'It is sweet and sour but very refreshing.'이라고 말하면 과일의 상큼한 맛을 추가로 표현할 수 있습니다.

Loida: Hey, John, I heard you all went out last weekend, huh?
존, 지난 주말에 외식했다며?

John: Yes, we did. Went to a local Chinese restaurant.
응, 그랬지. 동네 중식당에 갔었어.

Loida: What did you get there?
뭐 먹었어?

John: I had sweet and sour chicken.
달고 새콤한 닭고기 먹었어.

Loida: Did you like it?
괜찮았어?

John: It was great, very delicious.
좋았어. 매우 맛있어.

Sure, it has a lot of calories but it was very sweet and great.
칼로리는 많은 음식인데 진짜 달고 맛있었어.

이 외에도 bittersweet(달콤 쌉싸름한)이라는 표현이 있으며 맛에 대한 표현뿐 아니라 '하기는 싫은데 하고 나면 도움이 되는 일을 할 때의 아쉬우면서도 괜찮은 기분'을 표현할 때 사용하기도 합니다.

Q

오늘은 저희 가게 50주년이라 50% 세일합니다.

A

- We are on 50% sale today for our 50th anniversary.
  50주년이라서 50% 할인이에요.

Staff: Sir/Ma'am, we are having a huge sale, 50% off.
우리 50% 세일해요.

Guest: What's going on?
무슨 일 있나요?

Staff: Aha~ it is our 50th anniversary(birthday).
50번째 생일이에요.

Q

상품이 2+1행사를 할 때, 덴마크우유, 아몬드, 바나나망고, 민트 초코맛들은 교차구매가 가능한지 묻는 표현을 알고 싶어요.

A

- Can I pick randomly? or are there (they) pairs?
  맘대로 골라도 되나요? 아니면 짝으로만 골라야 하나요?

'randomly' 대신 'random'을 사용할 수 있습니다.
뒤의 문장을 사용하지 않고 'Can I pick randomly?'라고만 물어봐도 충분한 의사전달이 됩니다. 아니면 간단하게 'Can I pick at random? or pairs?'라고 물어봐도 됩니다.

Q

4명이 오시면 한 명이 무료입니다.

A

- Buying four and one free.

=Buying four and one get free.
4개 사면 1개는 공짜에요.

Staff: How many are you today?
몇 명이세요?

Guest: We are 4.
네 명이에요.

Staff: You order 4 and you get one free.
네 명이 시키면 한 명은 공짜입니다.

Guest: What's going on?
무슨 일 있나요?

Staff: We are having a special event.
이벤트예요.

※ 'special event' 대신 'a promotion event'라고 해도 된다.

Q

술을 더 이상 못 마시겠어서 거절해야 할 때 쓰는 표현은 어떤 게 있을까요?

A

A: So sorry, I can't take it anymore.
더 이상 못 마시겠어요.

Sorry again for the inconvenience.
분위기를 깨서 미안해.

Q 생선비린내가 난다는 것을 무엇이라고 하는지 궁금합니다.

A 생선을 fish라고 하는데 비린내도 fishy라고 표현합니다. 생선의 비린내뿐만 아니라 콩나물에서 나는 비린내도 fishy라고 한다는 것을 알아두도록 합시다.

A: Smells fishy.
비린내 나네.

Q 커피의 향이 진한 것을 뭐라고 하는지 궁금합니다.

A 향이 진하다는 것은 향이 강한 것과 같은 의미로 사용할 수 있습니다.

- strong flavor
  향이 강한

향이 '풍부하다'라고 말할 때는 'rich'를 사용할 수 있습니다.

- rich flavor
  향이 풍부한

John: Oh, yeah! Look! It has(does have) **strong and rich flavor.**
와~! 이거 향이 강하고 (진짜) 풍부하네.

Sue: **I bet** you love it a lot.
너 진짜 좋아하는 거네.

John: You are right. You read my mind.
그래 맞아. 나를 잘 아네.

※'I bet'이란 내기할 수 있을 만큼 확신한다는 의미로 사용한다.

Q

'과일이 물렀다'라는 표현이 궁금합니다.

A

단단하고 싱싱했던 토마토가 오래되어서 물컹물컹해진 것을 표현할 때는 'mushy'라는 단어를 사용할 수 있습니다.

A: The tomato is very mushy.
토마토가 매우 물렀어.

mushy 대신 사용할 수 있는 비슷한 표현으로는 soggy, moist, saturated 등이 있습니다.

- soggy 질척한, 눅눅한
  They are **soggy**. (그것들은 눅눅해.)
- moist 촉촉한
- saturated 흠뻑 젖은
- mushy 곤죽 같은

John: Oh, No! Look! It is pretty soggy and mushy.
어이쿠! 이거 완전히 물렀네.

Q

thanks말고 감사의 인사로 무엇이 있을까요?

A

appreciate라는 표현을 많이 사용합니다.

- We appreciate.
  감사해요.

Q

맛 없는 음식은 아니지만 처음 먹은 손님에게는 평이 좋지 않을 때,
이 음식을 처음 드시는 경우에는 맛이 좋지 않을 수도 있습니다. 괜찮으세요?

A

- You may not like the first taste. (the first bite).
  처음 맛은 안 좋을 수도 있어요.

Staff: You may not like the first taste (the first bite).
처음 한입은 안 좋아할 수도 있어요.

People say the love it after that.
그 다음부터는 맛있다고 하더라고요.

Guest: Then, should we try it or not?
그럼 먹어 볼까요? 아니면 먹지 말까요?

Staff: I recommend you though.
그래도 추천은 합니다.

Q

'네가 무엇을 상상하든 상상 그 이상이 될 거야.'라는 표현을 알고 싶어요.

A

- You can be more than whatever you think (imagine).
  네가 무엇을 상상하든 상상 그 이상이 될 거야.

Peter: What's wrong with you, John?
존, 무슨 일 있어?
You don't look good these days.
요즘 안 좋아 보이네.

John: Yeah, man. Somehow, I don't feel like doing anything.
맞아, 왠지 모르겠는데, 아무것도 하고 싶지 않아.
I believe I have been doing work so hard but not much working for me.
진짜 열심히 한다고 믿는데 잘 안 되고 있어서.

Peter: Come on, John. Don't look down.
괜찮아, 힘내.
You can be more than whatever you think (imagine).
네가 무엇을 상상하든 상상 그 이상이 될 거야.
I know you been doing work hard. I will back you up.
열심히 하는 거 알아. 내가 알아준다니까(믿어줄게, 밀어줄게 등 도와주는 표현).

Q

'네가 언제까지 어린아이일 거라고 생각하니?'라는 표현이 있나요?

A

Mother: Honey, don't be childish.
네가 어린애니?

You are not a baby anymore, ok?
더이상 아기가 아니잖아. 그렇지?

Daughter: Mom, I know I am not a baby, didn't mean to do that.
엄마, 나 어린애 아닌 거 알아. 그러려고 한 거 아니었어.

Mother: I trust you hard. But this is not the first time.
그래 믿어. 그런데 처음이 아니잖아.

Daughter: I know mom. But it happened again.
알아요. 그런데 또 그렇게 된 것일 뿐이야.

Q

'열대과일에 유충이 있을 수도 있으니 조심해서 드세요'라는 표현을 알려 주세요.

A

- Watch any bug in tropical fruits.
열대과일에 유충 조심하세요.
- Tropical fruits might have some bugs (insects) and watch eating.
열대과일에 유충이 있을 수 있으니 조심해서 드세요.

▶ tropical fruit 열대과일

Q

'급하게 음식을 먹다가 얹혔다(체했다).'라는 표현을 알려 주세요.

A

John: I don't feel good.
기분이 별로 안 좋아.

I am so **stuffed**.
배가 꽉꽉 찬 느낌이야.

Peter: I think you **overate**.
너무 많이 먹은 거 같아.

Saw you eating everything over the past two days.
지난 이틀 동안 아무거나 막 먹던데.

배가 부르다는 느낌을 표현할 때 'stuffed'를 사용할 수 있습니다. 또 다른 표현으로 'congested'를 사용할 수 있는데 '체증', '꽉 막힌', '얹힌 것', '체한 것' 등을 의미합니다. overate는 많이 먹었다는 것을 표현할 때 사용합니다. 흔히 '토하다'를 '오바이트하다'라고 표현하는데 여기에서 유래된 말입니다.

Q

'이곳엔 웬일로 왔니?'라고 묻는 표현을 알려 주세요.

A

John: What is up to here?
이곳엔 웬일이야?

What are you doing here?
너 여기서 뭐해?

What brought you here?
이곳에 어쩐 일이야?

Anna Oh, hey John.

① Here to see a buddy.
친구 만나러 왔어.

② Here to do a business (Here for a business).
업무 때문에 왔어.

Q

'오늘의 추천메뉴는 ㅇㅇ입니다.'라는 표현을 알고 싶어요.

A

- Our special menu for today is ㅇㅇ.
  오늘의 스페셜 메뉴는 ㅇㅇ입니다.

추천메뉴는 'special menu'라고도 말할 수 있으므로 위와 같은 표현이 적절할 것입니다. 그 외에 다음과 같은 표현도 사용할 수 있습니다.

- We recommend ㅇㅇ for today.
  오늘은 ㅇㅇ를 추천합니다.

Q

오이지를 먹을 때, '아삭하다'라는 표현을 영어로도 할 수 있나요?

A

crunch

오이지와 같이 새콤달콤하고 신선한 식감이 있는 음식은 다음과 같이 표현할 수 있습니다.

- It is sweet.
  달콤하다.
- It is sour and kind of crunchy.
  시고 아삭하다.
- The texture is fresh and crunch.
  식감이 신선하고 아삭하다.

표현을 할 때는 여러 가지 표현을 같이 사용하면 의사전달이 명확해집니다.

Q

'수프가 걸쭉하다.'는 표현을 알고 싶어요.

A

- The soup is sort of thick.
  수프가 걸쭉하다.

'thick'은 '두꺼운'이라는 의미로 사용하지만 액체를 대상으로 말한다면 '걸쭉한' 이라는 의미로 사용할 수 있습니다.

Q

대화하다가 헤어질 시간이 되어 아쉬움을 표현할 때 어떻게 말하나요?

A

• Time flies by.

헤어질 때 아쉬움은 '벌써 시간이 이렇게 되었네.'라고 표현할 수 있을 것입니다. 위의 표현은 직역하면 '시간이 빠르게 날아갔다.'는 의미이며 이 상황에서 사용하기 적절한 표현입니다.

그 외에 '가야 해.', '가야 할 것 같아 시간이 이렇게 됐네.'라는 의미로 다음과 같은 표현들이 있습니다.

• time to say bye.
가야 할 시간이야.

• Time to get going.
= Time to leave.
갈 시간이야.

get going leave와 같은 의미로 사용

• I'm jet.
나 간다.

'I'm jet.'에서 제트기는 가는 목적이 있듯이 '가야 해.'라는 의미로 사용할 수 있습니다.

John: Hey, boys. I should get going.
= I better leave.
= Time to say bye.
얘들아 나 가봐야겠어.

Friends: What? Too early, John.
너무 이른 거 아냐?

What's wrong, John?
무슨 일이야?

John: I got a phone call from Sue.
수가 전화했어.

Friends: Sue? Who is Sue?
수? 수가 누군데?

John: Oh! Come on boys. My sweetheart.
내 애인이야.

Friends: Oh~! Have fun, John.
오~! 재미있게 보내라.

Q

'전주에서 가장 맛있는 집이 어디죠?'라는 표현을 알려 주세요.

A

- What do you recommend here in Jeonju?
  전주에서 무엇을 추천해요?
- What's the best menu in Jeonju?
  전주에서 제일 좋은 게 뭐지?
- What's the best menu you recommend in Jeonju?
  전주에서 제일 좋은 메뉴로 무엇을 추천하세요?

전주뿐 아니라, 제주도 등 우리가 가는 어느 곳이든 사용할 수 있습니다.

Q

런치메뉴가 되는지 물어보는 표현을 알려 주세요.

A

- Is the lunch menu still available?
  아직 런치 메뉴 가능한가요?

'available'을 '이용가능해요?'라는 의미로 사용할 수 있습니다. '브런치 메뉴가 가능한지 물어볼 때는 'Is brunch available?이라고 묻기도 합니다.
런치메뉴가 가능한지 묻는 비슷한 표현으로 다음과 같이 말할 수 있습니다.

- Can I order the lunch menu?
  런치 메뉴 주문할 수 있나요?
- Is it still ok that I order the lunch menu?
  런치메뉴 주문하는 것 아직 가능한가요?

Q

상대 의견에 동의한다는 표현을 어떻게 하나요? 예를 들어서 한국어로 대화할 때, 상대방이 '있잖아 ~가 말이야 ~했대'라고 말했을 때 '아 그래?', '아 그렇구나'와 같이 말하려면 어떻게 해야 하는지 알려 주세요.

A

- Is that right?
  그런 거야?

위의 표현을 가장 많이 사용할 것입니다. 이 외에도 다양한 표현들이 있습니다.

- Is that correct?
  그랬어?
- Is that so?
  그랬구나 그랬어?

간단하게 표현한다면 'That's right', 'That's correct', 'I agree'(그래, 나도 동의해, 나도 같은 생각이야) 등을 사용할 수 있습니다.

Q

'꽃게 향이 우러나올 때까지 끓여라.'라는 표현을 알고 싶어요.

A

- Simmer it till it smells crab flavor.

  꽃게향이 우러나올 때까지 끓이세요.

'끓이다'라는 표현은 불의 세기에 따라서 여러 가지 단어로 표현할 수 있습니다. 꽃게향이 우러날 때까지 약한 불에 천천히 끓이는 것은 'simmer(보글보글 계속 끓이다)'를 사용하고, 팔팔끓이는 것은 'boil'입니다. 팔팔 끓고 있는 것을 오래 끓이기 위해 '불 좀 낮춰 주세요.'라고 말하려면, 'Lower the heat.'라고 하면 됩니다. 굳이 꽃게를 사용한 음식이 아니더라도 간단하게 'Simmer it till it flavors.'라고 하면 '향이 나올 때까지 끓여 주세요.'라는 의미로 두루 사용할 수 있습니다.

- simmer 약한 불에서 끓이다
- till it flavors 향이 나올 때까지
- till ~할 때까지

Q

'쟤는 눈엣가시야.'라는 말을 영어로 표현하는 방법을 알려 주세요.

A

- He is a pain in the neck.
  쟤는 눈엣가시야.

'누군가와 있으면 불편해.'라고 말할 때 많이 쓰는 용어는 'a pain'입니다. 'pain'이란 '고통'을 의미하는데 아주 심한 고통이 아니라, 짜증나는 고통을 표현할 때 사용하는 단어입니다. 목에 뭔지 모를 고통이 느껴지고 걸리는 느낌이 있으면 짜증나는 것처럼 누군가가 그러한 존재라는 것을 표현하는 것입니다.

- a pain in the butt

이 표현은 친구들과 있을 때 사용할 수 있는데 '걘 진짜 감당이 안 돼.', '걔는 진짜 골칫덩어리야.'라는 의미를 가지고 있습니다.

butt 궁둥이

John: Hey, David. Are you okay with Sean?
데이비드. 숀이랑 괜찮았어?

David: Sean? What's wrong?
숀? 무슨 일인데?

John: We have a team project and he didn't show up.
팀 프로젝트가 있는데 나타나지 않았어.

I called him several times and texted him too(as well).
몇 번이나 전화했고 문자도 남겼어.

He never got me back.
답장이 없더라.

He is a pain in my butt.
진짜 골칫덩어리야.

David: Have you talked about him to professor?
교수님에게 얘기해 봤어?

John: No, he is an asshole.
아니, 진짜 쓰레기야.

He pretends pretty good with professors.
교수님들에게는 엄청 잘하거든.

Q **'아! 걔는 너무 잘 까먹어, 바본가 봐.'를 어떻게 표현하는지 알려 주세요.**

A

- Oh! Gosh, she is airhead.
  아! 걔는 멍청해.

airhead라고 표현하는 것은 '머릿속에 공기가 들어차 있어서 머리가 비어 있다'는 것을 의미합니다. 비슷한 말로 'bubblehead'라고 하는데 같은 의미입니다. '아무것도 없는, 바본가 봐'라는 것을 표현할 때 사용할 수 있습니다.

airhead 멍청이

Q

'원래는 리필이 안 되는데 손님만 특별히 해 드릴게요. 대신 다음에 또 오셔야 해요.' 이런 식으로 덤을 줄 때 하는 표현을 알려 주세요.

A

Staff: Oops! we shouldn't do this.
이거 안 하는 건데요.

=we shouldn't offer this.
이거 제공하면 안 되는 건데요.

But it is free of charge. This time only for you.
공짜예요. 이번에 손님에게만요.

You should come again okay?
다음에 또 오셔야 해요. 알겠죠?

Guest: Oh! Thanks much. Appreciate that.
고마워요. 감사합니다.

Q

'돌로 만들었나, 왜 이렇게 딱딱해, 이 부러지는 줄 알았네.'라는 표현을 알려 주세요.

A

- Oh, Gosh, it is darn like a rock, almost breaking my teeth.
왜 이렇게 돌처럼 딱딱해. 이가 부러지는 줄 알았어.

'damn'은 '에라이', '이런', '제기랄'이라는 의미가 있는데 그보다 약한 표현으로 '아이씨', '아이 진짜'라는 의미로 darn을 사용할 수 있습니다.

Q

'넌 너무 말랐어.'라는 표현을 어떻게 하나요?

A

- You are so skinny, nothing but all bones with you.
  너무 말라서 뼈밖에 없다(뼈밖에 안 보인다).

'skinny'는 마른 것을 표현하는 말이며 이 용어 대신 'slim'을 사용해도 되는데 slim은 몸 자체가 균형은 있지만, 완전히 마른 정도는 아닌 경우에 사용하는 표현입니다. 조금 작은 사람들을 표현할 때는 petite라는 말을 사용할 수 있습니다.

'nothing but~'은 '~외에 아무것도 없다.'로 사용되므로 이 뒤에 'all bones with you'를 덧붙이면 '너 뼈밖에 안 보인다.'라는 의미가 됩니다.

Sue: Hannah, are you on diet? You look so skinny these days.
해다. 다이어트 하니? 요즘 너무 말라 보인다.

Hannah: No, not at all. I have been busy these days and skipped meals often.
전혀 아닌데. 바빠서 끼니를 자주 걸렀어.

Sue: Are you okay, Hannah, then?
괜찮아 그럼?

Hannah: Well, I still feel good. Maybe I should watch my diet this time.
아직까지는 괜찮아. 이 기회에 다이어트 할까 봐.

Q

'난 요리를 어깨너머로 배웠어.'라는 표현을 알려 주세요.

A

- Learned cooking over the shoulder.
  요리를 어깨 너머로 배웠어.

Peter: Hey, have you learned cooking?
요리를 배운 적 있니?

=where did you learn it from?
어디서 배웠니?

Student: No, sir/ma'am. I learned cooking over the shoulder.
아뇨. 어깨너머로 배웠어요.

Peter: Aha~! you doing very well.
잘하는데.

Student: Thanks, sir/ma'am.
감사합니다.

scratch의 사용

'어깨너머로 배웠다'는 표현의 반대발로 '밑바닥부터 배웠다'는 표현을 하려면 'cooking from scratch'를 사용할 수 있습니다.

- I learned cooking from scratch.
  밑바닥부터 배웠어요.

- Do that from scratch.
  처음부터 다시 해.

- Start over from scratch.
  처음부터 완전 다시 해.

scratch A A를 긁다

Sam: Hey, Jeff. Did you learn cooking?
요리 배웠어?

Jeff: Did I learn cooking?
요리 배웠냐고?

Yes, I went to a culinary institute.
응, 요리학원 다녔어.

By the way, how did you know?
근데, 어떻게 알았어?

Sam: You are doing a pretty good job.
잘하는데.

Q **발효주를 뭐라고 하나요?**

A

- fermented drink.
- fermented alcohol.

fermented 발효된

John: Hi, Sue, did you enjoy lastnight?
안녕, 수, 어젯밤에 재미있었니?

Sue: Hi, John, yeah, I liked the Korean fermented drink.
안녕, 존, 한국 발효주 맛있던데(괜찮던데).

Q **'실망했어', '짜증나' 등 친구 사이에서 말할 수 있는 감정표현을 알고싶어요.**

A 친구들 사이에서 좌절할 일이 있을 때, 'frustrate'라는 단어를 사용할 수 있는데 'I am very frustrated.'라고 말하면 '나 짜증나.'라는 뜻이 됩니다.

- **frustrate** 좌절감을 주다, 불만스럽게 만들다

실망했을 때 쓸 수 있는 여러 가지 감정표현

- I'm disappointed. 실망했어.
- I'm surprised. 놀랐어.
- I'm frustrated. 짜증났어.
- I'm annoyed. 화났어.
- I'm excited. 흥분되었어.
- I'm bored. 지루해.

감정 상태를 표현할 때는 동사 끝에 '-ed'를 붙이면 '주어가 ~한다.'라는 뜻이 되어 감정상태를 표현할 수 있습니다. '-ing'를 붙이면 '주어가 ~하게 하는'이라는 뜻이 되므로 전혀 다른 의미가 되며, 특히 I'm 뒤에 사용하는 것은 주의하도록 합니다.

- It's disappointing. 그건 실망스러워.
- The exam was very frustrating. 그 시험 매우 짜증났어.
- That's annoying. 그거 짜증나네.
- The move is exciting. 그 영화 재밌어.
- It's boring. 그건 지루해.

Q

'조금만 더 해 보자! 할 수 있어!'라는 표현을 알고 싶어요.

A

조금만 더 해 보자

- Guys, let's keep it up. We all can do it, okay?
  애들아, 계속해 보자. 우리 할 수 있어. 알았지?
- We are almost here, keep it up guys.
  우리 거의 다 왔어. 좀만 더 힘내 봐.

keep it up이란 '계속 위로 쭉 올라가 보자'라는 의미입니다. 'keep it'이라고만 말하면 '내가 가지고 있는 것을 쭉 끌고 좀만 더 가 보자. 할 수 있어.'라는 의미가 됩니다.

수고하세요

- Keep up the good work.

'keep up the good work.'란 일을 끝내고 난 후에 하는 말로 '좋은 일을 계속 하십쇼, 수고하세요'라는 의미입니다. 같은 말로 'don't work too hard.'라는 말이 있는데 어떻게 보면 '일 열심히 하지 마세요'라고 들릴 수도 있지만 '일 천천히 하세요 수고하세요'라는 표현입니다. 이 말에 대한 대답은 'try not to.' 또는 'trying hard.'라고 말할 수 있는데 '알겠습니다.'라는 의미입니다.

Q

'드디어 끝났어!'라는 표현을 알고 싶어요.

A

- This is THE LAST.
  완전 끝이야.

- Wow! Finally is O-V-E-R, OVER.
  와! 드디어 끝났네.

위와 같은 표현이 있으며 첫 번째 말에서 'THE LAST'를 강조하면 의미가 훨씬 강하게 전달됩니다. 'finally is over'에서도 'over'를 발음할 때 천천히 말한다면 '드디어 끝났네'라는 의미를 잘 전달할 수 있습니다.
또는 이 말의 뒤에 'hooray!'를 덧붙여 주면 '만세'라는 의미가 덧붙여져 더욱 감정전달이 잘될 수 있습니다.
영혼 없이 빠르게 말하고 만다면 '그냥 그럭저럭 끝났네요.'라는 표현이 됩니다.

Q

'저기요 가방 문 열렸어요.'라고 말하는 표현을 알려 주세요.

A

- Sir/Ma'am, (your) bag is open(flying).
  저기요, 가방 문이 열렸네요.

상대방을 부를 때 'Sir/Ma'am' 대신 'Hi there. (저기요.)'를 사용할 수 있습니다. 가방문이 열렸다고 말할 때는 'your bag is open.' 또는 'your bag is flying.'이라고 사용할 수 있습니다.

Q

'성격이 똑 부러지다.'라는 말을 알려 주세요.

A

- Oh, gosh, she/he is very determined.
  아, 걔는 성격이 똑부러져.
- She/He is cut and dry.
  공과 사가 분명해(계획대로 하는 애야.)

'성격이 똑 부러진다.'라는 것을 표현할 때 '결정이 확실하다.'라는 형용사의 의미를 가진 'determine'을 사용할 수 있습니다. 비슷한 표현으로 'cut and dry'라는 말이 있는데 이는 '결정에 대해서 절대 뒤를 돌아 보지 않는다.'라는 의미입니다.

성격을 표현할 수 있는 여러 가지 단어들

- indecisive 우유부단한, 결정을 잘 못하는
- picky 까칠한
- easy going 편한, 잘 어울리는

pick은 '하나를 콕 집다.'라는 의미가 담겨 있으며 음식에 대해서 말할 때 '음식을 편식하는 성격'을 표현할 수 있습니다. 'easy going'이란 편한 사람, 잘 어울리는 사람을 말합니다.

Q

삼계탕과 보양탕처럼 몸의 기를 북돋아 주는 보양식을 소개할 때, 꼭 먹어야 하는 음식?

A

- Samgyetang is a "must" eat.
  삼계탕은 꼭 먹어야 해.

꼭 먹어야 하는 음식을 말할 때 'must'를 사용합니다. '꼭 참석해야 할 것'이라는 말은 'it is a "must" thing to do(그것은 반드시 해야 될 걸).'라고 표현할 수 있습니다. 꼭 들어야 하는 강의라고 할 때는 'It is a "must" course to take(그 수업은 꼭 들어야 할 강의일 거야).'라고 말합니다. 꼭 들어야 하는 강의는 전공필수라고도 말할 수 있는데 전공필수를 말할 때 'requirement'라는 단어를 사용하지만 같은 뜻으로 'a must course'를 사용할 수 있습니다.
must에 큰따옴표를 붙인 것은 실제로 말하면서 "must"를 강조하기 위해 양손가락의 검지와 중지를 반쯤 펴고 앞뒤로 2회 까딱하면 '꼭'이라는 의미로 사용할 수 있습니다.

'몸에 기를 북돋아 주기도 해'라고 말하려면 'stamina'를 사용할 수 있습니다.

- Samgyetang is good for stamina.
  삼계탕은 스태미나에 좋아.

Q

'과연 이번 방학을 알차게 보낼 수 있을까?'에 대한 표현을 알려 주세요.

A

- What can I do to make my break(vacation) valuable(worthy)?
  방학을 알차게 보내려면 무엇을 해야 할까?
- I think I should be doing something this break.
  이번 방학에 무엇인가를 해야겠어.

'과연 이번 방학을 알차게 보낼 수 있을까?', '이번에는 잘해야지'라는 생각을 할 수 있겠죠. '알차게'라는 표현을 할 때 'valuable'이나 'worthy'를 사용할 수 있습니다.

- What can I do?
  내가 무엇을 할 수 있을까요?
- To make my break ~
  방학 동안에(내 방학을) ~하기 위해서

방학이라고 한다면 vacation을 떠올릴 수도 있는데, 'vacation'은 일상생활에서 놀러 가는 것을 말하며 학기와 학기 사이에 쉬는 것을 의미하는 단어로 'break'를 사용할 수 있습니다.

방학의 시기에 따른 break의 사용

- spring break 봄방학
- summer break 여름방학
- winter break 겨울방학

Q

너무 매운 걸 먹고 바로 배가 아프고 탈이 날 것 같을 때, '장이 꼬인다'라는 표현을 알려 주세요.

A

- My stomach cramps when I eat hot and spicy food.
  너무 매운 걸 먹으면 배에 경련이 와.

cramp

꼬인다는 것을 표현할 때 'cramp'라고 하는데 다리에 쥐 난다고 할 때도 이 단어를 사용합니다. 'my stomach cramp.'라고 하면 '배에 경련이 와(쥐가 나).', '장이 꼬인다.'라는 의미입니다.

'hot'은 뜨거운 것을 말하기도 하지만 '맵다'라는 의미도 있습니다. 여기에 spicy를 더해서 'hot and spicy.'라고 말하면 '진짜 매운'이라는 의미로 사용할 수 있습니다.

Q

음식점 내부에 외부 음식물 반입이 안 된다는 것을 손님들에게 설명하는 표현을 알려 주세요.

A

- Sir/Ma'am, no food(from outside is) allowed inside.

음식점 내부에 외부 음식물 반입이 안 된다는 것을 손님에게 설명할 때 'Sir/Ma'am, no food allowed inside'라고 말할 수 있습니다.
보다 정확한 표현으로는 'No food from outside is allowed inside.'라고 말하면 됩니다.

- allow 허락하는
  be allowed 허락되는

Q

손님이 식사하는 중간에 계산서를 내밀자 손님이 왜 벌써 계산서를 주냐고 물어볼 때, '손님이 시킨 음식이 맞는지 확인하시라고 드리는 겁니다. 맛있게 드세요.'라고 말하는 표현을 알고 싶어요.

A

- Sir/Ma'am, we are just checking the menu right, enjoy the meal.
  메뉴가 맞는지 확인하는 것입니다. 맛있게 드세요.

'Sir/Ma'am, we are just checking the menu right.'이라고 말하는 것은 '메뉴가 맞는지를 확인하는 것입니다.'라는 표현이고 'enjoy the meal'은 '맛있게 드세요.'라는 표현으로 사용할 수 있습니다.
여기에서 좀 더 다양하게 말하고자 할 때는 다음과 같이 표현할 수 있습니다.

- We are sorry.
  죄송합니다.
- We didn't mean to interrupt you.
  방해하려고 했던 건 아닙니다.
- Don't be upset.
  화내지 마세요.

Guest: What are you doing here, now?
지금 뭐 하시는 거예요?

Staff: We are sorry, sir/ma'am. We are just checking the menu right.
메뉴가 맞는지 확인하는 겁니다.

We were confused with dishes.
메뉴가 헷갈려서요.

We are sorry again. Enjoy the meal, sir/ma'am.
다시 한번 죄송합니다. 식사 맛있게 하세요.

Guest: Okay, fine. Thanks.
네, 괜찮아요. 고맙습니다.

Q

'숨이 차서 더 이상 못 올라가겠어.'라는 표현을 알려 주세요.

A

- I am out of lung (breath/air)
  너무 숨이 차.

위의 표현은 폐가 나가버렸다는 의미로 '숨을 쉴 수 없다'는 표현이 됩니다. 또는 공기 자체가 내 몸에서 빠져나갔다는 표현으로 다음과 같이 말할 수 있습니다.

- I'm out of breath.
  숨 못쉬겠어.
- I'm out of air.
  공기(숨)가 다 빠졌어.
- I'm out of lung.
  숨이 헐떡 헐떡거려.

여기에 덧붙여서 'I'm flat(나 아무것도 못하겠어).'라는 말을 사용할 수 있습니다. flat이란 '평평한', '납작한'이라는 의미가 있는데 음식이 flat하다고 하면 '맛이 밋밋한', '맛이 없는'이라는 표현이 됩니다. 차에 사용하여 'I have a flat tire.'라고 하면 '차가 펑크 났다'는 의미가 됩니다.

John: Hey, Sue, I am out of lung. I can't even move an inch.
저기, 수야, 너무 숨이 차. 한 발자국도 못 가겠어.

Sue: Come on, John. You have been working out.
힘내, 존. 계속 운동했잖아.

John: Yes, I did. But not the running.
그래 그랬지, 그런데 달리기는 아니고.

Sue: Okay, wanna (want to) some rest?
그래, 잠시 쉴래?

John: That's great. Thanks.
그게 좋겠다. 고마워.

Q

'내 돈이 어디로 사라졌지?'라는 표현을 알려 주세요.

A

- Where did all my money go?
  내 돈이 어디로 사라졌지?

- It vaporized all of sudden.
  갑자기 다 증발해 버렸어.

  vaporized 증발하다, 증발시키다

'내가 돈을 낭비했나 봐.'라고 말할 때는 다음과 같이 말할 수 있습니다.

- I might spent too much.
  내가 너무 많이 썼니 봐.

- I spent left and right.
  이쪽 저쪽에 다 썼나 봐.

'left and right'라는 표현은 왼쪽 오른쪽 다 썼다는 의미로 '내가 너무 많이 썼어.'와 같은 의미로 사용할 수 있습니다. 'I am broke'라고 말할 수도 있는데 '난 다 깨졌어.', '난 돈이 없어.'라는 표현이 됩니다.

Q

'이열치열'을 영어로도 표현할 수 있나요?

A

- Fight heals the wounds.
  싸우는 게 상처를 회복시켜 준다.

'이열치열'이라는 말은 더운 날 뜨거운 음식을 먹어서 더위를 물리친다는 의미가 담겨 있는 말이죠. 영어로도 위와 같이 표현할 수 있습니다.

Q

열심히 하면 보상이 있을 거라는 표현을 알고 싶어요.

A

- Keep working hard.
  계속 열심히 해.
- It will take care of everything.
  모든 게 잘 될 거야.

Peter: John, keep working hard. It will pay off.
존, 열심히 해. 대가가 있을 거야.

Q

'조심하세요!'라는 표현을 알려 주세요.

A

- Watch out.
  조심해.

John: Sir/Ma'am, watch out your language(word) please.
저기요. 말 조심해 주세요.

상대방 바로 옆에 무언가가 있을 때 조심하라는 표현으로 다음과 같이 말할 수 있습니다. 건널목을 건널 때 주위를 잘 보라는 의미로도 사용할 수 있습니다.

- Look out.
  잘 보고 다녀.

John: Sir/Ma'am, look out the car.
저기요. 차 조심하세요.

Q

제가 아르바이트하는 데서 빙수를 파는데요. 팥이나 떡을 정량보다 더 달라고 하는 분들이 많은데요. 이럴 때 '저희가 정량대로 드리는 거라 죄송하지만 더 드리는 것은 안 될 것 같습니다.'라고 말할 때 표현을 알려 주세요.

A

Staff: Oops! Sorry, it is portion controlled.
죄송해요. 정량이 되어 있어요.

We are not allowed to offer more than the portion. Sorry again, sir/ma'am.
정량 이상 못 드리게 되어 있어요. 죄송해요.

Guest: Okay, that is fine.
괜찮아요.

Staff: Would you like to order another one, then. sir/ma'am?
그럼 하나 더 시키시겠어요?

Guest: Nope, we are just fine.
아뇨, 적당해요.

- portion (음식의) 1인분

'portion'은 정량, 1인분을 하는데 120g 정도로 생각하면 됩니다. 여기에 통제되어 있다는 의미의 'controlled'를 붙여서 '정량이 정해져 있습니다.'라는 의미로 사용할 수 있습니다. 'allowed'란 '허가받은'이라는 뜻며 여기에 부정표현인 'we are not'과 결합해서 '허용이 안 되어 있다.'는 의미가 됩니다. 이는 'to' 뒤에 오는 것이 허용이 안 되어 있다는 의미로 이어지는데, '제공하다'라는 의미의 offer와 '~보다 많이'라는 의미의 'more than' 덧붙여져서 '정량보다 더 제공하지 못합니다.'라는 의미로 사용할 수 있습니다.

TIPS

Albeit(아르바이트)

독일어가 어원인 Albeit는 '일을 하다'라는 뜻이다. 영어권에서 사용하는 work와 같은 의미라 할 수 있다. 영어권에서 '아르바이트'라는 의미로 말하고자 할 때는 'part timer'라고 한다.

Q

'물 썩은 냄새가 난다.'라는 표현을 알고 싶어요.

A

하수구나 오랫동안 고여 있는 물에서 썩은 냄새가 나는 것을 표현할 때 다음과 같이 표현할 수 있습니다.

- It is smelly.
  냄새 나.
- It stinks.
  악취가 나.
- It is disgusting.
  으, 역겨워.
- Water smells like sewage.
  물에서 물이 하수구 냄새가 나.

stink (고약한) 냄새가 나다, 악취가 풍기다
sewage 하수, 오물

'water has gone bad.'라고 표현하기도 하는데 '물이 맛이 갔네.', '물이 썩었네.'라는 의미입니다. 마실 수 없는 정도의 물을 표현할 때는 'It is not drinkable. (이 물은 마시지 못 하겠네.)'라고 말할 수 있습니다.

drinkable drink(마시다) + able(할 수 있는) = 마실 수 있는

John: Hey, Peter, did you smell something here?
피터, 여기서 무슨 냄새 나니?

Peter: What smell?
무슨 냄새?

John: Are you okay? Don't you smell some sewage, stinks?
너 괜찮아? 하수구 냄새, 썩은 냄새 안 나니?

Peter: Oops. I have a cold.
이런. 감기 걸려서.

Q

'~에 물렸다.', '질렸다.'라는 표현을 알려 주세요.

A

토마토를 너무 많이 먹어서 질렸을 때, 더이상 먹고 싶지 않을 때 '진절머리가 난다'는 의미로 다음과 같이 말할 수 있습니다.

- I am **tired of** tomatoes.
  토마토에 질렸어.

'tired of' 대신 아플 정도로 질렸다는 의미로 'sick of'를 사용할 수도 있습니다.

- I am **sick of** tomatoes.
  아플 정도로 질렸어(이제 토마토 주지 마).

비슷한 표현으로 다음과 같은 말이 있습니다.

- I am **fed up with** tomatoes.
  토마토에 진저리가 나.

세 개의 숙어는 토마토와 같은 음식뿐만 아니라 사람과 상황에 따라서 '질리다', '피곤하다'. '더 이상 안하고 싶다'는 의미로 두루 사용할 수 있는 말이므로 상황에 따라 다양한 표현으로 알아두면 좋습니다.

fed up with 진저리가 나다

Q

'먹을 수 있지만 굳이 찾아서 먹고 싶지는 않다', '할 수는 있지만, 내가 안 하는 것일 뿐이야.'라는 표현을 알려 주세요.

A

- Well, I can do that but I don't want to do that.

  할 수는 있지만 그렇게 하길 내가 원하지 않는 것뿐이야.

실제로 사용할 때는 'You know what? I can do that but I don't want to.'라고 표현할 수 있습니다.

- you know what? 그거 알아?

Q

'눈코 뜰 새도 없이 바쁘다.', '뭐 할 수 없을 만큼 바쁘다.'라는 표현을 알고 싶어요.

A

- My hands are full.

  일이 많아서 너무 바쁘네.

'full'을 사용하여 손이 꽉 차 있는 것을 표현한 말입니다. 내 손이 꽉 차 있어서 다른 일을 할 수 없을 만큼 너무 바쁘다는 의미로 사용할 수 있습니다.

다른 말로 'I am working around the clock.'라고 표현할 수 있는데, 직역하면 '시계 주변을 계속 돌고 있다.'는 뜻으로 쉬지 않고 일을 해야 할 정도로 너무 바쁘다는 것을 의미합니다.

Q

'애타게 목 빠지게 기다리다.' 라는 표현을 알려 주세요.

A

- I'm dying.
  죽겠어.

한국에서도 '배고파 죽겠다', '힘들어 죽겠다', '보고싶어 죽겠다' 등 '죽겠다'는 표현을 많이 사용하는데 영어에서도 이 표현을 사용한다는 것을 볼 수 있습니다. '목 빠지게 기다리고 있어'라는 표현을 할 때는 'I'm dying to see(보고 싶어서 죽겠어).'라고 말할 수 있습니다.

A: I'm dying to watch the movie.
그 영화 미치도록 보고 싶다.

Q

'발이 넓다.'라는 표현을 영어로도 할 수 있나요?

A

'발이 넓다.'는 표현은 '많은 사람을 알고 있다.'와 같은 의미입니다. 이를 직접적으로 표현하면 다음과 같이 말할 수 있습니다.

- He/She know everyone.
  그/그녀는 모든 사람을 알고 있어.

이때 'everyone' 대신 'everything'를 넣으면 '그/그녀는 박학다식하다.'는 표현이 됩니다.

- He/She know everything.
  그/그녀는 박학다식해.

Q

'눈 뜬 채로 자다.'라는 표현을 알려 주세요.

A

- I slept overnight with my eyes open.
  나 눈 뜨고 밤을 지샜어.

'I slept overnight with my eyes open.' 뒤에 구체적인 표현을 더하면 더욱 의미를 잘 전달할 수 있습니다.

- ~ because I was worried about the exam.
  시험이 걱정돼서.
- ~ because I was too tired.
  너무 피곤해서.
- ~ because I couldn't sleep.
  잠을 못 자겠어서. (잠이 안 와서.)

'뜬눈으로 밤을 샜기 때문에 너무 피곤하다.'라는 표현으로 다음과 같이 말할 수도 있습니다.

- I am so tired today because i slept overnight with my eyes open.

Q

'폭풍전야'라는 표현이 있나요?

A

'폭풍전야'란 폭풍이 몰아치기 전 고요한 상태를 의미합니다. 영어로도 이러한 상황을 표현한 말이 있습니다.

- It is like we are in the eye of the storm.
  폭풍의 눈 안에 있는 것 같다.

  storm 폭풍, 폭풍우

- It is like calm before the storm.
  폭풍이 오기 전의 고요함 같다.

과학적으로도 태풍의 반경에는 비바람이 불지만 태풍의 눈은 날씨가 맑고 고요한데 이러한 상황을 표현한 것이라 할 수 있습니다.

Q

'제일 빨리 나오는 메뉴로 주세요.'라고 말하려면 어떻게 표현하나요?

A

- Do you have any menu that I can have now?
  지금 먹을 수 있는 아무 메뉴가 있나요?

빨리나오는 메뉴란 '지금 먹을 수 있는'이라는 의미도 되는데 이럴 땐 'that I can have now.'라고 말할 수 있습니다. 'any menu'라고 하면 '아무 메뉴'라고 해석할 수 있습니다.

Q

'밥이 고슬고슬하다.', '면발이 탱탱하다.'라는 말을 알고 싶어요.

A

면의 삶은 정도를 표현하는 단어 중 프랑스어로 'al dente'라는 말이 있습니다. al dente는 푹 삶은 것이 아니라 탱글탱글하게 삶은 면을 가리킬 때 사용합니다. 고슬고슬하게 지은 밥에도 이 표현을 사용할 수 있습니다. 영어권에서도 주로 사용하는 표현이므로 알아두면 유용하게 사용할 수 있는 표현입니다.

덜 익었다는 표현

- It is uncooked.
  밥이 안 된 거 같아.
- It is too crunch.
  너무 딱딱해.
- It is half-cooked.
  밥이 덜 익었어.
- I guess I opened the lid in the middle.
  뚜껑을 중간에 열어버렸나 봐.

  lid 뚜껑

Q

'먹기 꺼림칙한' 음식을 표현하려면 어떻게 말하나요?

A

- It looks scary.
  좀 무서운 거 같아.
- It looks strange.
  좀 이상한 거 같아.
- It looks awkward.
  좀 그런데.

음식이 앞에 있을 때 '안 먹고 싶은데.'라고 말하고 싶다면 다음과 같이 말할 수 있습니다.

- I'm not likely to try, because **it looks scary(or strange, awkward).**
  시도해 보고 싶지 않아. 무서워(또는 이상해, 불편해) 보이기 때문이야.

  - scary 무서운
  - awkward 어색한, 불편한

여기서 'scary' 대신 다양한 표현을 넣어서 음식을 먹어 보고 싶지 않은 이유를 말할 수 있습니다.

Q

점장님이 저에게 너무 무례하게 굴 때, '점장님이 자꾸 이렇게 저 막대하시면 저 너무 힘들어요.'라고 말하고 싶은데 예의 있게 말하는 표현이 있을까요?

A

- Sir/ma'am, you are loving me too much.
  저를 너무 좋아하시는 거 같아요.

'저만 너무 힘들게 하는 거 같아요.'를 위의 예문처럼 약간 돌려서 말할 수 있습니다.

저자소개

이승우

현) 상명대학교 외식영양학과 부교수

현) 안다미로 협동조합(외식 협동조합) 대표 이사

글로벌 푸드 서비스 기업 아라마크(ARAMARK)에서 Assistant Director 역임

미국 코네티컷 주립대 조교수

미국 버지니아 공대 호스피탈리티 & 관광 경영 박사

미국 앨라배마 대학교 외식 경영 학사/석사

이메일: slee@smu.ac.kr

웹주소: foodserviceandtourism.com

실전에 강한

호스피탈리티 영어

초판 1쇄 인쇄 2018년 1월 26일
초판 1쇄 발행 2018년 1월 29일

지 은 이 | 이승우
펴 낸 이 | 김기섭
편 집 인 | 이초롱
펴 낸 곳 | 창지사 www.changjisa.com
08589 서울시 금천구 가산디지털 1로 83 파트너스타워 1차 9층
전화 (02)719-2211~3
팩스 (02)701-9386
등 록 | 1977년 4월 28일 · 제1-421호

ISBN 978-89-426-0988-8 (93840)

값 14,000원

이 도서의 국립중앙도서관 출판예정도서목록(CIP)은 서지정보유통 지원시스템 홈페이지(http://seoji.nl.go.kr)와 국가자료공동목록시스템(http://www.nl.go.kr/kolisnet)에서 이용하실 수 있습니다(CIP제어번호: CIP2018003034).